Petra Schwarzkopf

Der Donnerfelsen

Band 1: Johanna und Jan

1

Petra Schwarzkopf

DER DONNERFELSEN

Johanna und Jan

Petra Schwarzkopf
Der Donnerfelsen
Band 1: Johanna und Jan

Best.-Nr. 271895
ISBN 978-3-86353-895-8
Christliche Verlagsgesellschaft Dillenburg

1. überarbeitete Auflage (CV)

www.cv-dillenburg.de

Satz und Umschlaggestaltung: Christliche Verlagsgesellschaft Dillenburg
Umschlagmotive:
Landschaftsfoto © Frank Schwarzkopf, Holzschild: © Freepik.com/ brgfx
Windrose: © Canva Pro/ONYXprj
Piratenschiff: © Canva Pro/Sylph Creatives
Piratenfahne: © Canva Pro/lestarikhanty

Druck: GGP Media GmbH, Pößneck
Printed in Germany

Wenn Sie Rechtschreib- oder Zeichensetzungsfehler entdeckt haben,
können Sie uns gerne kontaktieren: info@cv-dillenburg.de

Inhalt

Vorwort, das sowieso keiner liest

Johannas außergewöhnliche Geschichte begann an einem ganz normalen warmen Tag im Mai. Logisch, denn meistens geschieht das Außergewöhnliche immer dann, wenn gerade alles so schön normal ist und du es am wenigsten erwartest. Es war also nicht der besondere 35. Mai, an dem alles anfing, sondern ein gewöhnlicher Tag zu Beginn dieses schönen Frühlingsmonats. Wenn ihr es genau wissen wollt, war es der 3. Mai, da ist sich Johanna ganz sicher. Und die Geschichte begann in unserer ganz normalen Zeit im Rheinland, in der Nähe von Koblenz. Das weiß ich genau, weil Johanna und ich immer noch hier in Remsig wohnen und sie mir alles genau berichtet hat. Obwohl es eigentlich egal ist, denn Kinder, die nicht gerne zur Schule gehen, die gibt es wohl überall in Deutschland. Vielleicht gehörst du auch dazu. Was wir dagegen beide nicht wissen, ist, ob Johanna nur in eine andere Zeit geriet – wenn, dann war es wahrscheinlich das späte 18. Jahrhundert –, oder ob es doch eine ganz andere Welt war, in die ihr das Tor geöffnet wurde. Es spricht manches sowohl für das eine als auch für das andere. Vieles von dem, was sie erzählte, kam mir seltsam vertraut aus dem Geschichtsunterricht vor. Anderes wieder schien mir fremd und unpassend. Aber da wahrscheinlich keiner von uns schon über 200 Jahre alt ist, wissen wir auch nicht so genau, was in dieser Zeit geschah. Ein paar Fragen bleiben immer offen, selbst für Menschen, die sich

in der Vergangenheit auskennen. Das ist vielleicht ganz gut, denn damals war es nicht wirklich friedlich in Deutschland. Da kannst du dankbar sein, dass du im 21. Jahrhundert leben darfst; auch wenn gerade keine Ferien sind. Andererseits, falls Johanna tatsächlich in eine andere Welt gereist ist, warum sollte in dieser Welt gleich alles ganz anders sein? Solange es dort Menschen gibt, ähneln sie uns wohl. Und das ist für die Geschichte nicht egal, sondern sehr wichtig! Jedenfalls war Johanna an diesem ganz normalen Tag im Mai fürchterlich wütend. So wütend, wie man es als Zehnjährige nur sein kann ...

A wie Abflug

„Johanna, jetzt warte doch mal!“, sagte Julia Müller zu ihrer Tochter. Ihre Stimme klang genervt. Sie wandte den Blick zurück zu Johannas Lehrerin und versuchte zu lächeln.

„Entschuldigen Sie bitte!“

Frau Schmitt hob die Augenbrauen und sah auf ihre Schülerin. Doch Johanna dachte gar nicht daran, stehen zu bleiben und den beiden Erwachsenen noch länger zuzuhören. Mit einem Affenzahn stürmte sie aus dem Klassenraum der 4b. Das war ja wohl die Höhe! Nie im Leben würde sie zu dieser Psycho-Tante gehen. Da konnte Mama sich auf den Kopf stellen und ihre Klassenlehrerin Frau Schmitt gleich mit!

„Johanna?“, rief Laura hinter ihr her, die draußen auf dem Flur auf sie gewartet hatte. Als keine Antwort kam, sprang sie auf und folgte ihrer besten Freundin, die gerade wie eine Rakete an ihr vorbeigeschossen war. Sie hatte Mühe, Schritt zu halten, denn Johanna war die Beste im Sport. Das galt für das Schwimmen genauso wie für das Laufen.

„Was ist denn los?“, keuchte sie nach Atem ringend.

„Was los ist?“

Johanna blieb ohne Vorwarnung mitten auf dem Schulhof stehen, sodass Laura fast in sie hineingerannt wäre.

„Mama spinnt! Das ist los. Sie will mich zu so einer Psycho-Tante schleppen, wegen meiner Leseprobleme“, beschwerte

sie sich und zog die Silbe „Lese“ in die Länge und in die Höhe. „Schön, dass ich das auch noch erfahre.“

Laura schnappte nach Luft und machte einen Schritt rückwärts.

„Sie hätte mir wenigstens zuerst Bescheid sagen können.“

„Oh! Und wann sollst du dahin?“, fragte Laura und beugte den Oberkörper vor. Sie stützte sich mit den Händen auf ihren Oberschenkeln ab, um besser atmen zu können.

„Gar nicht gehe ich dahin!“

Johanna nahm wieder Fahrt auf und bog um die Ecke. Mama und die Lehrerin konnten sie jetzt nicht mehr sehen.

„Oh!“, machte Laura noch einmal.

Sie verdrehte die Augen, setzte sich aber auch in Bewegung. Laura Simons wusste, dass ihre Freundin nicht gern über das Lesen sprach. Doch sie wusste auch, dass alle aus der Klasse es viel besser konnten als Johanna, und das tat ihr leid. Während sie versuchte, zu Johanna aufzuschließen, sagte sie deshalb vorsichtig:

„Wenn aber doch Frau Schmitt das auch gut findet ... Vielleicht kann die Psycho-Tante dir ja helfen.“

„Bist du jetzt auch noch gegen mich?“, brauste Johanna auf. „Na klar, du findest Lesen ja so toll. Dauernd redest du von deinen Büchern. Ich mag es eben nicht. Basta!“, schimpfte sie. „Was kann ich dafür, dass sich die Buchstaben in meinem Kopf von selbst umdrehen und durcheinandergeraten? Könnt ihr mich nicht einfach mal in Ruhe lassen? Ich dachte, du wärst meine Freundin!“

„Bin ich auch, deshalb muss ich aber nicht immer deiner Meinung sein“, sagte Laura.

Aber Johanna hörte gar nicht zu. Sie blieb erneut stehen und verschränkte jetzt die Arme vor der Brust. Ihre braunen Augen wurden noch dunkler.

„Du kannst alleine nach Hause gehen."

„Mensch, Johanna, sei doch nicht gleich beleidigt!"

Laura seufzte leise und ging langsam ein Stück weiter. Dann hielt sie wieder an und drehte sich um. Doch sie wartete vergeblich. Johanna stand unbeweglich wie eine Säule in der Gegend herum. Sie starrte in die Wolken, als seien sie nicht dunkelgrau, sondern aus purem Gold.

„Nun komm schon! Was ist jetzt? Ich muss gleich zum Geigenunterricht", drängelte Laura.

„Dann geh doch endlich! Sonst erwischt dich das Gewitter noch", rief Johanna.

Ihre rechte Hand deutete auf die dunklen Wolken, die rasch am Himmel vorbeizogen. Es war windig geworden, und die Sonne verschwand gerade hinter einer dicken Wolkenwand.

„Mama hat gesagt, es gewittert heute, wenn sie arbeiten ist", fügte sie hinzu, und es klang wie eine Drohung.

Laura blickte ruckartig nach oben. Sorgenfalten erschienen auf ihrer Stirn. Sie fürchtete sich vor Gewittern, und ihre Freundin wusste das ganz genau. Bis gerade eben hatte sie aber gar nicht bemerkt, dass sich das Wetter veränderte. Sie schüttelte sich.

„Okay. Dann gehe ich eben alleine weiter. Ich finde trotzdem, du solltest es versuchen", sagte Laura noch. Dann eilte sie schnell davon.

„Hör endlich auf!", schrie Johanna hinter ihr her und kickte einen Stein zur Seite. Aber das half auch nicht. Nicht gegen das komische Gefühl in ihrem Inneren. Da drin braute sich auch gerade etwas zusammen, genauso wie am Himmel. Dieses blöde Etwas saß im Hals fest und machte sich so unverschämt breit, dass es schon auf den Magen drückte. Der Wind war heftiger und

kälter geworden. Er zerrte jetzt an den Büschen und Bäumen und wehte unter Johannas langen Rock.

„Mist, ich hätte doch eine Hose anziehen sollen!“, ärgerte sie sich laut und versuchte mit beiden Händen, den fliegenden Stoff runter auf ihre Beine zu drücken.

Heute Morgen war sie noch so stolz auf ihren ersten selbst genähten Rock gewesen. Mama hatte ihr dabei geholfen. Aber im Moment war es ihr ziemlich egal, dass sie genauso geschickte Hände wie ihre Mutter hatte. *Musste Papa mir ausgerechnet seine Probleme mit den Buchstaben vererben?*, dachte sie wütend.

Laura war mittlerweile nicht mehr zu sehen, und Mama würde von der Schule direkt ins Krankenhaus zur Spätschicht fahren. Also ging Johanna allein weiter, bis ihr Elternhaus in Sicht kam. Eigentlich ist das nicht der richtige Ausdruck, denn das Haus war kaum zu sehen. Dicht wuchernde Hecken, breite Sträucher und ein riesiger Lindenbaum versperrten den Blick darauf. Johanna seufzte. Mama hatte einfach keine Zeit mehr für den großen Garten. Früher hatten ihre Eltern fast jeden Samstag an den Pflanzen herumgeschnitten und Unkraut gejätet. Wie Papa es schon mit Opa gemacht hatte, als er noch ein kleiner Junge gewesen war. Abends wurde dann gegrillt. So war es auch am Tag vor Papas Unfall gewesen.

Johanna fröstelte und schob wie so oft die Gedanken an früher beiseite. Sie zog den Haustürschlüssel, der ihr an einem Band um den Hals hing, mit einer Hand unter dem T-Shirt hervor. Mit der anderen öffnete sie das quietschende Gartentor. Gerade zuckte der erste grelle Blitz über den Himmel, und leise zählte das Mädchen die Sekunden bis zum Donner, so wie ihr Vater es ihr beigebracht hatte. Schon bei 12 krachte es heftig. Sie teilte die Zahl im Kopf durch drei. Das Gewitter war also nur etwa vier Kilometer entfernt.

Rechnen konnte sie immerhin. Die ersten Tropfen fielen auf die Blätter der Sommerlinde, aber noch blieb Johanna unter dem dunkelgrünen Laubdach trocken. Das Frühjahr war ungewöhnlich warm, und so waren die Äste schon ganz schwer von dem Gewicht der blassgelben Blütenbäumchen. Sogar die Blätter schienen dieser üppigen Pracht Platz zu machen und zusammenzurücken. Sie hatten sich so dicht übereinandergelegt, dass es von Weitem aussah, als trüge der Baum einen grünen Schuppenpanzer, und nichts und niemand könnte ihm etwas anhaben.

Jetzt hob Johanna den Blick und sah von unten hoch in das duftende Blütenmeer. Sonst wimmelte es hier immer von Hummeln und Bienen. Doch die Insekten hatten einen sechsten Sinn und waren längst vor dem Regen geflüchtet. Ein heftiger Windstoß ließ die Blüten wippen. Ein paar besonders vorwitzige segelten herab und landeten auf Johannas Stirn. Ganz in Gedanken wischte sie sie weg und leckte sich die klebrigen Finger ab. Mhm, süß ...

Sie liebte den Baum! Niemand wusste wirklich genau, wie alt er war und wer ihn eigentlich gepflanzt hatte. Er hatte bereits da gestanden, als Opa damals das Grundstück gekauft hatte. Selbst in seiner Erinnerung war die Linde schon immer riesengroß gewesen. Man brauchte zwei Erwachsene und ein Kind, um ihren Stamm zu umfassen. Unverdrossen lieferte sie neue Blätter und Blüten, auch wenn ihr Stamm längst vom Alter gespalten war. Der Baum hatte überlebt, trotz dieser klaffenden Wunde im Herzen. Obwohl Bäume im Gegensatz zu Menschen streng genommen gar kein Herz haben. Doch diesmal lehnte Johanna sich nicht zur Begrüßung an den mächtigen, rauen Stamm. Heute konnte nicht einmal die trotzige Linde sie trösten. Sie wollte einfach nur weiter. Um nach vorn zur Tür zu kommen, durchquerte sie schnell den

Garten und ging längs am Gebäude entlang. Dann steckte sie den Schlüssel ins Schloss und betrat das Haus. Im Flur roch es nach Sauerkraut und Kartoffelbrei. Auch das noch! *Mama weiß doch genau, dass ich kein Sauerkraut mag!*

Meistens waren ihre Mutter und sie ein gutes Team, aber sie zur Psycho-Tante zu schleppen, das ging Johanna einfach zu weit! Ihr Mund wurde ein dünner Strich, und sie ballte die Fäuste. Sie vergaß, den Schlüssel abzuziehen, und knallte die Haustür ins Schloss. Laut vor sich hin schimpfend polterte sie die Treppe nach oben. Der Ranzen flog in die Ecke. Die nächste Tür rumste. *Wenn wenigstens Papa noch hier wäre, der könnte mich bestimmt verstehen. Blöder Unfall! Dämliches Lesen! Doofe Erwachsene!*

Johanna brodelte wie ein vergessener Schnellkochtopf auf einer heißen Herdplatte. Sie war locker auf mehr als hundert Grad Celsius. Das Mädchen schimpfte und schluckte, um Dampf abzulassen. Es hatte keinen Sinn – die Temperatur stieg trotzdem. Zu allem Überfluss fiel Johanna auch noch ihr Lesegestotter von heute Morgen ein. Die Erinnerung an das Kichern und Lachen der anderen Kinder verwandelte die Herdplatte in eine glühendrote Scheibe. Nicht einmal ihr Pausenbrot hatte sie noch herunterbekommen, so zugeschnürt war ihr Hals auf einmal gewesen. Oh weh! Jetzt war der Druck in dem Topf zu hoch geworden. Die Wut wusste nicht mehr, wohin sie sich noch quetschen sollte, und Johanna explodierte. Gut, dass das nicht mit Dampfdrucktöpfen passiert! Jedenfalls nicht, wenn man den Deckel richtig zudreht. Aber Menschen sind nun mal nicht aus Edelstahl.

„Ich bleibe zu Hause und gehe gar nicht mehr zur Schule, damit ihr es wisst!", rief Johanna gegen die Wand und vergaß, dass niemand sie hören konnte. „Und dann brauche ich auch kein saublödes Lesebuch mehr!"

Entschlossen stand sie auf und riss das Buch aus dem Ranzen. Sie schlug die Piratengeschichte auf, an der sie sich heute vergeblich abgemüht hatte.

„Und das hier ist die dümmste Geschichte, die ich je gehört habe!“

Heftig schlug sie auf die Seiten, und dann zuckte eine Idee durch ihren Kopf. Nur ganz kurz leuchtete sie auf, wie ein Blitz, doch sie wurde zur Tat.

„Na warte, du machst den Abflug!“, murmelte das Mädchen, öffnete die Balkontür und trat hinaus.

Der Regen flog inzwischen waagerecht, und der Wind zerrte an Johannas langen braunen Haaren. Er ließ die Rollläden gegen die Fensterrahmen klappern. Die Blätter rauschten laut, und es war fast dunkel geworden. Hätte sie die Sekunden zwischen Blitz und Donner noch gezählt, wäre sie kaum bis drei gekommen. Aber Johanna zählte nicht mehr, sondern holte schwungvoll aus und warf das Lesebuch mit voller Wucht vom Balkon.

„Ich möchte wissen, ob die Piraten überhaupt lesen konnten!“, rief sie gegen den brausenden Wind.

Es war ein ausgezeichneter Wurf, und bei den Bundesjugendspielen hätte er sicher gute Punkte für die Ehrenurkunde gebracht. Doch leider befand sich die dicke Linde genau in der Flugbahn. In dem Moment, als das Buch den knorrigen Stamm traf, zuckte ein besonders großer und breiter Blitz über den Himmel und schlug dann mit lautem Krachen in den uralten Baum ein. Die Erde erbebte vom Donner. Selbst der Balkon vibrierte. Johanna machte vor Schreck kurz die Augen zu. Was sie dann sah, als sie sie wieder öffnete, ließ ihr den Mund offen stehen: Das Buch fiel nicht zur Erde, sondern es verschwand vor ihren Augen!

B wie blond

Dann hörte Johanna ein lautes „Aua!“ und klappte den Mund schnell wieder zu. Der Schrei kam von einem dünnen, hochgewachsenen Jungen mit Sommersprossen. Er war blond wie die Sonne, und seine langen Beine steckten in viel zu kurzen grauen Hosen. Ein Strick diente als Gürtel und verhinderte, dass sie ihm auf die schmutzigen Füße rutschten. Wenn er eine blaue Schirmmütze aufgehabt hätte, hätte man ihn für den großen Bruder von Michel aus Lönneberga halten können. Er rieb sich den Kopf und sah das Mädchen an. Seine blauen Augen funkelten.

„Spinnst du? Warum schmeißt du nach mir?“, fragte er.

Johanna zog die Augenbrauen hoch.

„Was machst du in unserem Garten?“, antwortete sie mit einer Gegenfrage.

„Garten? Wieso Garten? Ich war im Wald, Holz sammeln.“

Der Junge starrte sie an. Es war die Wahrheit. Er hatte tatsächlich einen Stapel Feuerholz im Arm getragen, als das Lesebuch ihn am Kopf traf. Vor Schreck hatte er einige Stücke fallen gelassen und bückte sich nun, um sie wieder aufzuheben. Dabei entdeckte der fremde Junge Johannas Buch. Es lag aufgeschlagen auf der Erde. *Ich muss mich geirrt haben. Es ist gar nicht verschwunden!*, überlegte Johanna. Sie hatte noch gar nicht richtig zu Ende gedacht, da streckte der Dünne auch schon seine freie Hand nach dem Lesebuch aus.

„Was ist das?“, fragte er und sah sie neugierig an.

Aber Johanna antwortete nicht. Sie wandte ihre Augen gerade von dem Stamm der alten Linde, der plötzlich so nah war, und drehte sich langsam um sich selbst. *Oh, nein!*, dachte sie. *Wo bin ich hier bloß gelandet? Wo sind unser Haus und der Balkon?! Der Garten ist auch nicht mehr derselbe!*

Genauer gesagt gab es gar keinen Garten mehr, sondern nur unbekannte, wilde Sträucher um sie herum. Nur hinter dem etwa zwölfjährigen Jungen konnte man über die Büsche hinwegsehen. Johanna riss die Augen auf. *Das ... das ist das Meer! Ganz bestimmt ist das das Meer!*, schoss es ihr durch den Kopf. Johanna hatte zwar noch nie ein echtes Meer gesehen, aber sie kannte Fotos und Filme und wusste genau, was sie vor sich hatte. Das konnte doch nicht wahr sein! Nur die Linde war noch dieselbe ... oder? Der Boden schwankte, und Johanna lehnte sich an den Stamm. In ihren Ohren rauschte es. *Sind das die Wellen? Kann man die bis hierher hören? Warum wird es so schnell dunkel?*

„He, alles in Ordnung mit dir?“ Der fremde Junge hatte sie bei der Schulter gefasst. „Du bist ganz blass. Setz dich hin!“, kommandierte er und drückte sie nach unten.

Johanna ließ sich im Zeitlupentempo am Stamm hinunterrutschen und blieb sitzen. Sie legte den Kopf leicht in den Nacken. Langsam wurde es wieder hell, und sie guckte zu dem Jungen. Nun lag sein ganzes Holz auf dem Boden. Er hatte das Lesebuch aufgehoben und blätterte vorsichtig darin.

„Das ist ein Buch!“, wunderte er sich. Dann sah er zu dem Mädchen hinüber. „Du bist bestimmt nur hungrig.“

Na logisch, Hunger! Sie hatte seit dem Frühstück nichts mehr gegessen.

„Wo hast du das her?", fragte er und klappte das Buch zu. „Und warum hast du so komische Sachen an?"

Sein Misstrauen stand ihm auf der Stirn geschrieben. Er hatte die Augenbrauen so weit zusammengezogen, dass die Haut darüber Falten warf. Johannas Gedanken fuhren immer noch Karussell. Sie wusste nicht, was sie antworten sollte. Außerdem war ihre Wut noch nicht ganz weg. Komische Sachen?! Was fiel dem eigentlich ein?

„Wo bin ich hier? Wieso komisch? *Du* trägst komische Sachen!", gab sie daher zurück.

„Du bist an der Küste, was dachtest du denn? Und hier laufen alle so herum", stellte der Junge klar. „Jedenfalls alle, die sich keine besseren Sachen leisten können", fügte er dann noch hinzu und kniff die Augen zusammen. „Aber niemand trägt so bunte Röcke wie du. Von wo kommst du?", fragte er.

„Na, woher wohl? Aus Deutschland, genau wie du oder nicht?", sagte Johanna leise. Sie fühlte sich auf einmal schlapp und müde.

„Deutschland kenne ich nicht. Ist das hinter dem großen Moor im Süden?"

Seine Stimme klang anders als gerade eben noch, und er schien seine Muskeln anzuspannen.

„Hä? Keine Ahnung, welches Moor?", fragte Johanna, und plötzlich liefen ihr die Tränen über das Gesicht. „Gerade war ich jedenfalls noch zu Hause. Es gab ein furchtbares Gewitter, und ich habe mein Lesebuch weggeworfen. Da hat es geblitzt und ... und plötzlich war ich hier ..."

Sie wusste nicht mehr weiter und zuckte hilflos mit den Schultern. Der Junge kratzte sich am Kopf und starrte auf die Erde zu seinen Füßen.

„Hier hat es nicht gewittert! Schau doch, alles ist trocken!", sagte er und zeigte mit der Hand auf den Boden. „Bist du sicher, dass es geblitzt hat?"

Ein winziges Lächeln spielte um seinen Mund, als er den Kopf wieder anhob. Aber Johanna sah es nicht. Sie guckte ihn empört an. Natürlich war sie sich sicher! Hielt der sie eigentlich für blöd?

„Dann war das wohl in einer anderen Welt!", sagte sie schnippisch und wischte sich die Tränen ab. Eigentlich war das nicht so ernst gemeint, aber als sie es aussprach, wurde ihr heiß und kalt. Was, wenn es die Wahrheit war?

„Warum wolltest du denn dein Buch wegwerfen? Das verstehe ich nicht. Niemand wirft ein Buch weg. Man wirft doch auch keinen Schatz weg."

„Wieso Schatz? Was hat ein Buch mit einem Schatz zu tun?", fragte Johanna und wurde lauter. „Ich brauche es nicht mehr. Ich will nicht mehr lesen lernen. Ich hasse dieses Buch."

Die Augen des Jungen blitzten auf.

„Heißt das, mit diesem Buch kann man lesen lernen?"

„Was interessiert dich dieses dämliche Buch?! Ich will nur wissen, wie ich wieder nach Hause komme!"

Dieser Junge nervte ganz kolossal! Sie hatte jetzt wirklich andere Sorgen.

„Man kann mit diesem Buch lesen lernen, und du willst nicht!", fasste der Dünne zusammen.

„Ich wollte schon, aber ich kann es immer noch nicht gut genug. Die andern sind viel schneller und besser als ich. Deswegen will ich nicht mehr weiterlernen. So, jetzt weißt du es!", schnauzte Johanna ihn an.

„Das heißt, du kannst lesen?", fragte der Junge und setzte sich neben sie. Er klang, als hätte Johanna eben erklärt, dass der

Himmel grün sei. „Weißt du wirklich nicht, welche Macht du damit hast? Es können nicht viele Menschen lesen!"

„Was für ein Quatsch! Bei uns kann jeder Sechsjährige lesen ... na ja, fast jeder."

Ein seltsamer Ausdruck trat in die Augen des Jungen. Er sah das Buch an wie ein ausgehungerter Bär eine Honigwabe.

„Dann bring es mir bei!", befahl er und biss sich auf die Lippen.

„Spinnst du?", heulte Johanna los. „Ich will zurück nach Hause! Ist das so schwer zu verstehen? Zurück nach Hause! Und zwar sofort!"

„Warum sofort?"

„Warum, warum?! Weil es dort schön ist, weil es mein Zuhause ist, weil Mama da ist und ich nicht, wenn sie nach Hause kommt. Darum!"

Johannas Stimme schraubte sich immer höher und klang jetzt fast schon wie Kreischen.

„Ist ja gut!", sagte der Junge. „Du musst nach Hause, und ich muss lesen lernen."

Er sprach ganz langsam, so als müsste er sehr genau überlegen und deshalb Zeit gewinnen.

„Da hast du aber Glück, dass du ausgerechnet mich getroffen hast. Es gab hier nämlich schon einmal Fremde, die auch so komisch aussahen wie du. Auch sie haben von einem Blitz erzählt."

Seine Stimme wurde leiser, deshalb beugte er sich ziemlich nah zu Johanna. Das Mädchen rückte vorsichtshalber ein Stück zur Seite.

„Sie blieben hier ein paar Tage bei uns und kehrten dann nach Hause zurück. Und nur ich weiß, wie sie es gemacht haben", fuhr der Junge fort.

Und als er das sagte, war für einen kurzen Augenblick erneut dieses winzige Lächeln in seinem Gesicht zu sehen. Johanna aber war zu verzweifelt, um es zu bemerken. Selbst wenn sie ihn von vorne und nicht nur von der Seite gesehen hätte, wäre sie blind für dieses Lächeln gewesen.

„Sie haben überall im Dorf erzählt, dass sie Schiffbrüchige sind. Ich allein wusste, dass sie aus einer anderen Welt waren", behauptete der Dünne jetzt.

„Wenn du weißt, wie ich zurückkomme, dann musst du es mir sagen!", befahl das Mädchen und sprang auf.

Doch der Junge rührte sich nicht.

„Erst, wenn du mir das Lesen beigebracht hast. Hier gibt es nichts umsonst, das wirst du schnell feststellen. Ob du es willst oder nicht, du bist auf mich angewiesen. Also müssen wir miteinander klarkommen. Fürs Erste musst du tun, was ich sage, bis du weißt, wie der Hase hier läuft."

„Was für ein Hase? Ich sehe keinen Hasen."

Johanna guckte sich um. Der Junge verdrehte die Augen.

„Wie man hier so lebt, heißt das! Also, du gehorchst, und dafür zeige ich dir später, wie du nach Hause kommst. Abgemacht?"

Er hielt ihr die Hand hin. Das Mädchen zögerte einzuschlagen. Es war gemein von ihm, Bedingungen zu stellen, aber so wie die Dinge lagen, hatte er sie in der Hand.

„Ich heiße Jan, und du?"

Johanna spitzte die Lippen, um ihm etwas Böses entgegenzuschleudern, aber dann würgte sie ihre Empörung herunter. Sie sah ein, dass ihr nichts anderes übrig blieb, als sich auf den Handel einzulassen, wenn sie je wieder nach Hause kommen wollte. Deshalb ergriff sie seine ausgestreckte Hand. Sie war kräftig und hart.

„Das ist Erpressung. Aber gut, ich bin Johanna und fast elf", sagte sie und klang dabei nicht gerade freundlich. Doch ein Erpresser kann auch keine Freundlichkeit erwarten. „Und ich habe Hunger", fügte sie hinzu. In diesem Moment knurrte ihr Magen gut hörbar.

„Also, abgemacht! Da, hilf mir mit dem Feuerholz!"

Jan grinste wie ein Honigkuchenpferd und drückte ihr ein paar Scheite in den Arm. Dann bückte er sich, um den Rest aufzusammeln.

„Dieses Stück Linde hier nehmen wir auch mit", bestimmte er und griff nach einem hellen, armlangen Ast. „Es ist für meine Schwester Emily. Sie ist sechs und schnitzt gern. Und sie kann es ziemlich gut. Manchmal tauschen wir ihre Löffel oder Figuren sogar gegen etwas Essbares ein."

Johanna biss die Zähne zusammen und versuchte mitzuhelfen, doch mit jedem Stück Holz, das sie aufhob, fiel ein anderes wieder zu Boden. Jan achtete nicht auf sie und sprach einfach weiter.

„Eigentlich holt meine Schwester sich das Holz selbst, aber im Moment ist sie nicht ganz gesund, deshalb bin ich heute gegangen."

Schließlich wandte sich der Junge in Richtung Strand.

„Das Buch nehme ich. Das darf niemand sehen, ist das klar?"

Ohne zu fragen, stopfte er es unter sein schmutziges Hemd und wies mit dem Kinn zum Meer.

„Dort unten liegt unser Dorf. Du kannst bei uns wohnen, wenn du dich nützlich machst." Johanna reckte den Hals, konnte aber keine Häuser entdecken. „Wir haben noch ein Stück zu gehen, bis du es sehen kannst", erklärte Jan, „und wir müssen uns auf dem Weg ein kleines Märchen ausdenken, das wir den Leuten auftischen, damit niemand Verdacht schöpft, dass du nicht von hier ..." Er stockte kurz und räusperte sich. „Na ja, dass du nicht von hier, sondern aus einer anderen Welt kommst", beendete er dann schnell den angefangenen Satz.

„Hä?!", entfuhr es Johanna, sie starrte ihn erstaunt an.

„Was ist?! Was guckst du so, kennst du etwa keine Märchen?", fragte der Junge.

„Natürlich weiß ich, was ein Märchen ist, für wie dumm hältst du mich?"

„Die Schuhe und die Bluse sind ganz in Ordnung, aber für den Rock brauchen wir eine gute Erklärung. Die Geschichte muss glaubhaft sein", überlegte Jan laut, ohne auf ihre Frage einzugehen.

Johanna stapfte stumm hinter ihm her. Sie wollte nichts mehr sagen. Bei dem Typen war jedes weitere Wort verschwendet!

Sie waren noch nicht weit gegangen, da veränderte sich der Boden schon, und Sand rieselte plötzlich in ihre Sandalen. *Gut, dass die aussehen wie aus dem vorletzten Jahrhundert, oder was hatte Jan da gerade gesagt? Wie aus einer anderen Welt?* Mit modernen Turnschuhen hätte sie in seinem Dorf wohl kaum auftauchen können, ohne alle misstrauisch zu machen. Johanna schüttelte sich, obwohl es warm war und die Sonne schien.

D wie Dorf

Auf dem Weg ins Dorf hatte Jan sich im Handumdrehen eine Geschichte ausgedacht. Es war erschreckend, wie gut und wie schnell er das konnte.

„Also, hör zu! Wir sagen, dass du aus dem Osten kommst. Dort sollen die Frauen sich etwas bunter kleiden, habe ich gehört. Dein Vater ist Schneider, er hat dir diesen seltsamen Rock gemacht." Jan hielt kurz inne und sah nachdenklich an ihr herunter. „Du warst auf einem Schiff unterwegs, das dann in einem Sturm untergegangen ist. Das weißt du noch und auch, wie du heißt, aber sonst kannst du dich an nichts erinnern, klar? Vor allem nicht daran, wie du hierhergekommen bist." Er nickte zufrieden. „Du hast einfach das Gedächtnis verloren, und ich habe dich im Wald beim Holzsammeln gefunden. So wird keiner Fragen stellen, auch wenn sie vielleicht glauben, dass du doch eher aus der großen Stadt hinter dem Moor im Süden kommst."

Prüfend sah er ihr ins Gesicht, als könnte er darin lesen, wie ihr seine Geschichte gefiel.

„Ich habe aber keinen Vater mehr", sagte Johanna. Auf keinen Fall würde sie so tun, als gäbe es einen Vater, der jetzt womöglich verzweifelt nach ihr suchte. „Und ich will keinen anderen, auch keinen ausgedachten."

Ärgerlich blinzelte sie ein paar Tränen fort. Jan sah weg.

„Dann ist eben deine Mutter Schneiderin", gab er nach und verlangsamte seinen Schritt, obwohl er genau auf den Weg schaute.

„Mein Vater ist auch gestorben. Aber es ist schon so lange her, dass ich mich kaum noch an ihn erinnern kann."

Das klang fast nett.

„Meine Mutter heißt Anna", fuhr Jan fort, als Johanna weiter schwieg. „Sie sorgt für mich und Emily, und sie wird auch dich aufnehmen. Ich helfe ihr, so gut ich kann."

„Und warum sollte sie mich nicht zurück in diese ... diese große Stadt hinter diesem geheimnisvollen Moor schicken?"

So ganz hatte Johanna das nicht verstanden. Jan lachte laut auf.

„Zurück? In die Stadt?" Er lachte noch einmal. „Weil das unmöglich ist!"

Johanna merkte, wie ihr heiß wurde. Schon wieder jemand, der sie auslachte! Ärgerlich kniff sie die Augen zusammen.

„Was bitte ist daran so unmöglich? Zu Hause fahre ich ganz oft in die Stadt. So schwierig kann das doch wohl nicht sein!"

Jan schüttelte den Kopf.

„Mit der Kutsche etwa? Du bist tatsächlich ahnungslos!"

Der blonde Junge holte kurz Luft, dann redete er drauflos.

„Also ... bis zu dieser Stadt wäre man viele Wochen, vielleicht Monate Richtung Südwesten unterwegs. Wenn du nach Osten guckst, kannst du sehen, dass der Wald in Wiesen und Heide übergeht, aber Richtung Süden und Westen gibt es nur das Moor." Johannas Blick folgte Jans ausgestrecktem Arm. „Also muss man notgedrungen da hindurch. Es dehnt sich kilometerweit in alle Richtungen aus. Manche sagen, es sei unendlich, und niemand kennt einen Weg drum herum. Keiner, der es versucht hat, ist

jemals zurückgekommen. Nach dem Moor soll sich ein riesiges Gebirge erheben, das so hoch ist, dass man die Gipfel der Berge gar nicht mehr sieht. Aber selbst, wenn du all das überwinden würdest, sogar den undurchdringlichen Dschungel, in dem es vor gefährlichen Raubtieren wimmelt, dann stehst du eben an der Grenze."

Und was ist an dieser Grenze so anders als an der von Deutschland nach Österreich? Oder in die Schweiz? Sonst kenne ich keine Grenzen. Damals im Sommerurlaub sind wir doch einfach drübergefahren ...?, dachte Johanna. Doch Jan war noch nicht fertig.

„Die Grenze ist eine hohe Mauer aus Stein, und sie ist gut bewacht, heißt es. Sie lassen einfach keinen rein in die Stadt dahinter."

Ah, er meinte wohl eine Stadtmauer.

„Außerdem liegt auch die Stadt so hoch, dass sie in den Wolken schwebt."

Jan fuchtelte mit dem Finger in der Luft herum. Er übertrieb jetzt ein wenig, aber das brauchte die Fremde mit dem Buch ja nicht zu wissen.

„Na toll! Und wie und warum sollten sie mich dann da rausgelassen haben?"

Johanna fand die Geschichte, die sie erzählen sollte, ziemlich blöd und unwahrscheinlich und schüttelte missbilligend den Kopf. *Eine Stadt, die in den Wolken schwebt. So etwas gibt es doch gar nicht!* Doch für den blonden Jungen schien sie völlig logisch und glaubhaft zu sein.

„Ist doch egal. Vielleicht schicken sie manche zur Strafe raus. Ganz einfach. Dann wärst du eine Ausgestoßene, oder jemand hat dich entführt. Sollen sie glauben, was sie wollen. Das musst du nicht wissen, du hast doch dein Gedächtnis verloren, schon vergessen? Außerdem erzählen wir doch, dass du über die See gekommen und dein Schiff untergegangen ist." Jan schüttelte ungeduldig den Kopf und zeigte auf das Meer. „Die See ist da, im Norden!"

„Ach nee!"

Johanna ärgerte sich über seinen belehrenden Ton und seufzte. Was für eine haarsträubende Geschichte! Ob hier in dieser Gegend alle so verrückt waren? Jedenfalls musste sie kein Heimweh vortäuschen. Das war echt. So würde sie überzeugend wirken. Und spätestens seit Jan die Kutsche erwähnt hatte, ahnte Johanna, dass er keine Autos kannte und natürlich erst recht keine Handys oder Festnetztelefone, mit denen man anderen Bescheid sagen konnte, wenn man sich verirrt hatte oder verloren gegangen war. Sie befürchtete, im Dorf auch keinen elektrischen Strom vorzufinden.

Entweder war das hier eine ganz weit abgelegene Gegend von Deutschland, oder der Blitz hatte sie tatsächlich in eine andere Zeit oder Welt katapultiert, wie man es aus Fantasyfilmen oder Büchern kennt. Da waren es aber normalerweise große Schränke ohne Rückwand oder Züge, die die Helden irgendwohin brachten. So war Konrad in die Südsee und Lucy nach Narnia gelangt. Wer hatte noch mal den Zug genommen? Egal! Von einem Blitz hatte Mama jedenfalls nie vorgelesen, oder? War man nicht tot, wenn einen der Blitz traf?

Johanna kniff sich zur Sicherheit in den Arm. Autsch! Nein, das tat weh. Also lebte sie wohl noch. Aber sie war müde und musste sehr aufpassen, dass sie die Dünen nicht hinunterstolperte. Hoffentlich machte Mama sich nicht zu viele Sorgen, und hoffentlich rief sie nicht gleich die Polizei an! Vielleicht konnte sie Jan das Lesebuch auch so erklären, dass er sich selber das Lesen beibringen konnte. Schließlich gab es die Anlaut-Tabelle hinten drin und genügend Bilder. *Meinetwegen kann er das Buch behalten, oder? Aber was, wenn ich es brauche, um zurückzukommen?*

„He, hörst du mir überhaupt zu?"

Jan war stehen geblieben und drehte sich zu Johanna um.

„Wie? Natürlich!"

„Ist klar!"

Der Junge guckte zweifelnd.

„Ich habe gesagt: Auf meine Mutter kann man sich verlassen. Sie wird versuchen, dich zu trösten, und dich sofort ins Herz schließen. Und Emily hat sich sowieso immer noch eine Schwester gewünscht. Sie wird begeistert sein. Besonders von deinem Rock. Hast du den selbst gemacht?"

„Ja." Johanna wurde ein bisschen rot.

„Dann kannst du ihr beibringen, solche Röcke zu nähen."

Johanna dachte, dass das ohne Nähmaschine gar nicht so einfach würde. Und wo sollte auch der ach so seltene bunte Stoff herkommen? Laut sagte sie:

„Aber was ist denn dann, wenn ich wieder zurückgehe? Wird sie nicht enttäuscht sein?"

„Schon", sagte Jan und zuckte mit den Schultern, „aber bis dahin hat sie etwas, worüber sie sich freuen kann."

Er schien kein Problem mit dieser Lüge zu haben. Johanna war nicht überzeugt. Mama legte viel Wert auf Ehrlichkeit. Sie hielt aber den Mund, denn nun konnte sie in die Bucht hineinsehen. Es war eine erstaunlich breite Bucht, und der Ort, der am Fuße einer steilen Felswand lag, war groß genug, um sich darin zu verlaufen. Johanna zog überrascht die Luft ein. Das Dorf bestand aus einer Ansammlung von kleinen und größeren

Häuschen und Häusern. Einige sahen aus wie an den Fels geklebt, der hinter den letzten Häusern ins Wasser führte. Andere standen stolz allein da, als bräuchten sie keinen Halt als nur sich selbst und ihre Mauern. Alle aber hatten seltsame Dächer, so als wären sie mit Stroh oder Gras gedeckt. Johanna runzelte die Stirn. Das kannte sie nicht.

Wie befürchtet gab es nirgendwo Anzeichen von elektrischem Strom. Keine Laternen oder Stromleitungen waren zu sehen und auch keine Satellitenschüsseln. Nicht einmal eine Straße führte hinunter in die Bucht. Man musste einem kleinen Trampelpfad in den Dünen folgen. Jan deutete mit der Hand auf das Ende des Dorfes, das fast ins Wasser ragte.

„Dort ist unser Hafen. Und dort arbeite ich für gewöhnlich."

Er klang fast erwachsen, als er das sagte, aber auch traurig, und Johanna fragte sich kurz, warum. Aber da sie es nur sich selbst fragte und nicht Jan, bekam sie keine Antwort.

„Hinter dem Ort führt noch ein schmaler Weg die Klippen hinauf zu den Feldern, auf denen wir Obst und Gemüse anbauen", erklärte Jan weiter. „Sie liegen zwischen Dünen und Sträuchern versteckt. Ebenso wie das Dorf selbst sind sie kaum zu entdecken. Alles, was wir nicht selbst herstellen können, muss mit dem Schiff gebracht werden. Aber im Moment ist es auf einer längeren Fahrt unterwegs."

Sein Gesicht wurde hart, und seine Augen wurden dunkel.

„Und wo wohnt ihr?"

„Ziemlich weit hinten, fast in der Ecke des Donnerfelsens, der unser Dorf halb umgibt."

„Donnerfelsen? Warum heißt der so?", fragte Johanna.

„Weil es dort bei Gewitter ein riesiges Echo gibt, wenn es donnert. Die Erde wackelt sogar davon."

Zügig schritt der Junge nun aus. Der Strand kam näher, und ein frischer Wind wehte. Er schmeckte nach Meer, und ein bisschen erinnerte der Geschmack Johanna an salzige Lakritze. Doch schon bald mischten sich die angenehmen mit anderen, sehr aufdringlichen Gerüchen. Erst als Johanna Kühe und Ziegen sah, wusste sie, dass es nach schwitzenden Tieren roch. Ein paar struppige Hunde schlichen herum, und je näher sie dem Hafen kamen, desto mehr Fischgeruch schlug ihr entgegen. Igitt, Fisch! Den mochte sie ebenso wenig wie Sauerkraut. Sie schüttelte sich und dachte an Fischstäbchen. In dieser Form war der Fisch wenigstens so dick mit knusprigen Semmelbröseln paniert, dass man ihn kaum noch schmeckte.

Sie hatten nun beinahe die ersten Häuser erreicht, und Johanna hielt die Nase in den Wind. Sie roch den Schweiß arbeitender Menschen und das Essen, das es für sie geben würde. Offensichtlich war es bald Abendbrotzeit. Ihr Magen knurrte wieder. Diesmal war das Knurren lauter. Einer der streunenden Hunde hob den Kopf und sah sie verwundert an. Plötzlich wäre Johanna sogar bereit gewesen, Sauerkraut zu essen!

Am Ende der ersten Dorfstraße bog Jan rechts ab. Auch der nächste Weg war recht breit, aber schon bald zwängten sie sich mit dem Holz durch immer schmalere Gassen. Sie achteten nicht auf die unverhohlen neugierigen Blicke, die ihnen folgten. Endlich blieb Jan vor einem kleinen Häuschen stehen. Er ging zielstrebig auf die schwere Holztür zu, öffnete sie und rief hinein:

„Ich bin zurück, Emily."

Doch nicht ein Mädchen, sondern eine Frau machte sich am Herd zu schaffen. Anna war schlank und eher klein. Trotzdem wirkte sie nicht schwach oder zerbrechlich, ganz im Gegenteil. Ihr Gesicht war schon gebräunt, obwohl es noch früh im

Jahr war, was dafür sprach, dass sie sich viel im Freien aufhielt. Ihre muskulösen Arme, die mühelos mit der schweren Pfanne hantierten, mussten ebenfalls schon reichlich Sonne bekommen haben. Johanna konnte sie sehen, weil Jans Mutter eine kurzärmelige helle Bluse trug. Ihre kleinen Füße schauten unter einem blauen Rock hervor, der aus dem gleichen groben Stoff gemacht zu sein schien wie Jans Hose. Sie waren nicht ganz so schmutzig wie die ihres Sohnes. Anna hatte ihr glattes blondes Haar mit einem sauberen Band zusammengebunden. Lediglich eine kürzere Strähne war herausgerutscht.

Als sie den beiden Kindern jetzt das Gesicht zuwandte, ließ sie sich ihre Überraschung nicht anmerken. Sie lächelte nur und wippte auf ihren nackten Zehen auf und ab. Jan legte das Feuerholz neben den Herd und drückte seine Mutter kurz. Es duftete unverkennbar nach Pfannkuchen. Wie bei Mama, wenn sie welche backte. Ohne dass sie es verhindern konnte, bildeten sich auf einmal Pfützen in Johannas Augen. Sie wurden schnell größer und ließen sich nicht mehr zurückhalten, obwohl das Mädchen wie verrückt mit den Wimpern klimperte. Ein Tränensee trat über sein Ufer, dann der andere, und schon liefen zwei Bäche über Johannas Wangen. Die fremde Frau wischte sich die Hände an ihrem Rock ab und nahm sie wortlos in die Arme. Sie stellte keine Fragen, sondern hielt sie einfach nur fest, bis der Kummer nicht mehr ganz so groß war. Dann schob Anna das Mädchen von sich und reichte ihr ein Stofftaschentuch.

„Danke!", sagte Johanna.

Es klang, als hätte sie Schnupfen. Sie wischte sich die Tränen ab und putzte sich geräuschvoll die Nase. Anna schob Johanna an den kleinen Tisch, der für drei Personen gedeckt war, und drückte sie auf einen der Holzstühle.

„Nun esst erst einmal!“, forderte sie die Kinder auf. Ihre Stimme war tief. Sie schien gar nicht zu der kleinen Frau zu passen. „Dann sieht die Welt schon wieder anders aus. Ich hatte heute Glück und habe einige Eier mehr bekommen.“ Sie wandte sich an Johanna. „Du musst nichts erzählen, Mädchen. Greif nur tüchtig zu!“

„Emily schläft schon?“, fragte Jan und zeigte auf einen Vorhang mitten im Raum, hinter dem sich ein Bett versteckte. Der Vorhang war nicht ganz zugezogen. Deshalb guckte das Fußende des Bettes etwas heraus. Anna nickte.

„Ja, es scheint ihr besser zu gehen. Hoffentlich schläft sie sich gesund. Ich wollte sie nicht zum Abendbrot wecken.“

Jedes Stück Pfannkuchen schmeckte so gut wie das erste. Es kam Johanna vor, als hätte sie nie bessere gegessen, und nach und nach versiegten die salzigen Quellen in ihrem Gesicht. Das kühle Wasser aus dem Holzbecher löschte den Durst ebenso gut wie Limonade aus der Flasche; vielleicht sogar besser. Es machte dem Mädchen jedenfalls gar nichts aus, dass es nicht süß war. Erst nachdem seine Mutter ihm versichert hatte, dass noch genug für Emily übrig sei, griff auch Jan zu. Es war kaum zu fassen, aber er schwieg tatsächlich, solange er mit Kauen beschäftigt war.

Nach der letzten Gabel schlief Johanna fast im Sitzen ein. Das war nicht zu übersehen. Anna stand auf. Schnell richtete sie ein Lager aus Stroh und Decken für ihren unbekannten Gast her. Kaum hatte Johanna sich auf ihr Bett plumpsen lassen, fiel sie auch schon in einen tiefen, traumlosen Schlaf.

E wie Emily

Als Johanna am nächsten Tag die Augen aufschlug, stand die Sonne schon hoch am Himmel. Mühsam versuchte sie, sich daran zu erinnern, wo sie war. Ein kleines blond gelocktes Mädchen kniete neben ihrem Strohbett und lächelte sie an.

„Morgen, Johanna! Endlich bist du wach."

Die Kleine war noch dünner als Jan. Sie wirkte mit ihrem niedlichen Gesicht so zerbrechlich und lieb, dass Johanna sie gleich in ihr Herz schloss. Sie setzte sich auf und sah sich um. Gestern war sie so müde gewesen, dass sie gar keine Augen für das Innere des Häuschens gehabt hatte. Es war wirklich sehr klein, denn es schien nur aus einem einzigen Zimmer zu bestehen. Am Eingang gleich rechts an dem winzigen Fenster war der Herd. Eine Pfanne und zwei Töpfe standen darauf. In einem davon blubberte eine zähe Masse vor sich hin. Es roch nach warmer Milch. Neben dem Feuerholz lehnte ein Besen an der Wand. Links davon sah Johanna eine grobe Holztruhe. Der einzige Tisch, an dem sie gestern zu Abend gegessen hatte, befand sich in der Mitte des Raumes. Jemand hatte eine Waschschüssel auf die Tischplatte gestellt. Die dem Herd gegenüberliegende Wand war kahl. Es gab keine Bilder. Nur eine weitere, etwas größere Holztruhe, ein schmales Regal mit einigen wenigen Vorräten und ein Holzbottich mit Waschbrett standen davor. Letzteres kannte Johanna von ihrer Oma, die eine Vorliebe für Trödelmärkte hatte und nie über einen schlendern konnte,

ohne ein altes Teil zu kaufen. Ein Vorhang, der an die Zimmerdecke genagelt war, trennte den Schlafbereich von der Küche. Außer ihrem eigenen Lager gab es noch zwei Holzbetten.

„Da schlafen Mama und ich", unterbrach Emily ihre Hausbesichtigung. Geduldig hatte sie gewartet, bis Johanna mit Anschauen fertig war. Dann platzte es aus ihr heraus: „Ich bin so froh, dass du überlebt und zu uns gefunden hast!"

Die Kleine wusste also schon Bescheid. Jan musste seine Version ihrer Geschichte zum Besten gegeben haben, während sie schlief.

„Es tut mir sehr leid, dass du dich an nichts mehr erinnern kannst", fügte das Mädchen hinzu.

„Ich bin auch froh, dass ich hier bin", sagte Johanna, und das war nicht gelogen, denn sie freute sich durchaus darüber, dass sie ein Dach über dem Kopf hatte. Das war auf jeden Fall besser, als allein draußen durch die Dünen zu irren, auch wenn sie noch lieber zu Hause in ihrem eigenen Bett gelegen hätte.

„Jan schläft unter dem Dach", erklärte Emily, als Johannas Blick an der Leiter hängenblieb, die nach oben zu einem Loch in der Decke führte. „Aber er ist schon weg."

Das Zimmer hatte also einen bewohnbaren Dachboden. Johanna stand entschlossen auf. Je eher sie anfing, desto eher wäre sie wieder zu Hause. Emily zeigte ihr, wie sie sich mit dem wenigen Wasser aus der Schüssel waschen konnte. Aus Angst, jeden Augenblick könnte jemand hereinkommen, begnügte sie sich mit einer Katzenwäsche. *Das ist also für die nächste Zeit das Badezimmer*, dachte sie seufzend, als sie fertig war und das Wasser vom Tisch auf den Boden stellte.

Emily holte den dampfenden Topf, zwei Holzschälchen und Löffel.

„Was ist das denn da drin?", fragte Johanna.

„Haferbrei! Kennst du das nicht?", antwortete Jans Schwester und verteilte den Topfinhalt auf die Schälchen.

„Doch, klar!" Johanna nickte und tauchte ihren Löffel ein. Vorsichtig lutschte sie an der heißen Masse. Sie schmeckte süß, nach Milch und Honig. Der zerquetschte Hafer blieb an ihren Zähnen kleben. „Lecker!", sagte Johanna und versuchte vergeblich, ihre Zungenspitze als Zahnbürste zu benutzen. Sie gab den Versuch schnell auf und genoss ihr Frühstück Löffel für Löffel. Emily plapperte die ganze Zeit. Irgendwie schaffte sie dabei trotzdem ihren Brei, ohne mit vollem Mund zu reden. Johanna hätte allerdings im Nachhinein gar nicht sagen können, was Jans Schwester genau erzählte. Denn die eine Hälfte ihres Gehirns beschäftigte sich mit ihrem eigenen Problem, und die andere war noch nicht richtig wach. Schließlich stand Emily auf.

„So, jetzt müssen wir uns um das Häuschen kümmern!" Sie lachte, als Johanna fragend aufblickte und versuchte, den Löffel durch die Tischplatte zu stecken, weil sie ihre Haferbreischüssel verfehlt hatte. „Wir machen sauber", erklärte Emily. „Als Erstes muss das Waschwasser raus."

Sie öffnete eine kleinere Tür, die von der Schlafecke auf einen winzigen Hof hinausführte, und hob die Waschschüssel vom Boden hoch. Johanna fragte sich, warum sie diesen Ausgang nicht eher gesehen hatte, und gab sich selbst sofort die Antwort: wahrscheinlich, weil sie nicht damit gerechnet hatte, dass hinter dem Haus noch etwas anderes als blanker Felsen kam. Das Wasser versickerte sofort, als Emily es an der linken Hausecke ausschüttete. In der anderen Ecke war am Hausdach eine kleine Plane befestigt, mit der wohl Regenwasser aufgefangen wurde. Darunter stand nämlich ein Eimer mit Wasser.

„Guten Morgen, Rosa! Na, hast du ein Ei für uns gelegt?"

Ein einzelnes Huhn lief herum, das Emily nun auf den Arm nahm und streichelte. Dabei suchten ihre Augen den sandigen Boden ab, auf dem nur wenig Gras wuchs. Schnell fand sie, was sie suchte, und ließ das Huhn wieder zu Boden, um das Ei aufzuheben. Nachdem Emily ein paar Körner für Rosa ausgestreut hatte, kehrten die Mädchen ins Haus zurück. Sie spülten das Geschirr. Es war nicht viel, und so dauerte es nicht lange. Zum Spülen benutzten sie etwas Sand und Salzwasser aus einem zweiten Eimer unter dem Fenster. Nur zum Schluss tauchte Emily die einzelnen Teile in etwas Süßwasser, bevor sie es Johanna zum Abtrocknen gab. Nachdem sie das saubere Geschirr in der kleinen Holztruhe neben dem Herd verstaut hatten, musste die Stube gefegt werden. Den Sand kehrte Jans Schwester einfach zur Tür hinaus. Dann machten sie gemeinsam die Betten und schließlich öffnete Emily eine Luke im Fußboden.

„Das ist ja eine richtige kleine Vorratskammer!"

Überrascht guckte Johanna in das felsige Loch unter den Holzbohlen. Es war tief. Emily musste über drei winzige Stufen hinuntergehen, um an die Lebensmittel zu kommen. Der Minikeller enthielt kleine Säcke mit Getreidekörnern, Körbe mit etwas Gemüse sowie verschlossene Tontöpfe in unterschiedlichen Größen. Die Luft, die ihr entgegenkam, war überraschend trocken und kühl. Mit geübter Hand suchte Emily einige kleine, schrumpelige Kartoffeln und Möhren aus. Nachdem sie das Loch wieder sorgfältig verschlossen hatte, setzte sie sich zum Gemüseputzen an den Tisch. Johanna nahm neben ihr Platz, um ihr zu helfen. Beide Mädchen schälten sehr langsam. Johanna, weil sie zu Hause immer einen Kartoffelschäler und kein Messer benutzt hatten. Emily, weil sie sich bemühte, möglichst dünn zu schälen.

So hatte Jans Schwester Zeit, weiter vom Dorf am Donnerfelsen zu erzählen, und beschrieb, was sie die letzten Tage gemacht hatte.

„Sag mal, musst du denn nicht zur Schule gehen?", fragte Johanna, nachdem sie eine Weile zugehört hatte, und nahm sich eine neue Kartoffel. So etwas wie Unterricht hatte die Kleine nämlich noch nicht erwähnt.

„Nein. Was ist denn eine Schule?", fragte Emily.

„Du weißt nicht, was eine Schule ist?"

Vor Schreck hätte Johanna sich fast in den Finger geschnitten. Die Kleine schüttelte den Kopf.

„Nein, was macht man denn da?"

„Man lernt, was man für das Leben als Erwachsener so braucht", meinte Johanna und dachte, dass sie später allerdings auf das Lesen verzichten würde. Emily grinste.

„Na, aber Kartoffelnschälen habt ihr nicht gelernt, oder?!"

Jans Schwester zeigte auf die wenigen Knollen, die Johanna geschält hatte, während sie mit ihrer Hälfte schon fertig war.

„Nee!", lachte Johanna. „Das hat mir meine Mama gezeigt."

Sie verschwieg die Sache mit dem Schäler und prüfte noch mal, ob der Finger wirklich unverletzt war. Dann fing sie an, ausführlich zu erklären, wie so eine Schule aussieht und wie es darin zugeht. Wenn sie nicht gerade Deutschunterricht hatte, ging Johanna ganz gern zur Schule. Emily fand das Ganze so spannend, dass sie das Gemüse vergaß. Ihre neue Freundin konnte so ein wenig Schäl-Rückstand aufholen.

„Ach, das muss schön sein! Den ganzen Tag sitzen und lernen dürfen", träumte Emily. „Ich würde so gerne zur Schule gehen. Für starke Jungs, so wie Jan, gibt es im Hafen immer viel zu tun, auch auf den Feldern wird er gebraucht. Aber ich bin noch zu klein

für schwere Arbeit. Ich passe nur manchmal auf die kleineren Kinder auf oder hüte die Ziegen."

Johanna schluckte. Na, Schule war auch nicht immer lustig. Das wusste sie nur zu gut. Vielleicht hatte sie das Ganze doch zu nett geschildert?

„Am liebsten aber schnitze ich kleine Löffel oder Figuren aus Holz", plapperte Emily schon weiter. „Heute ist es schön. Ich bin schon fast wieder gesund und hatte sogar zweimal Frühstück: kalte Pfannkuchen und warmen Brei. Und das Beste: Der Kapitän ist mit seinen Matrosen noch auf einer langen Reise und kann uns nichts tun."

In Johannas Kopf schrillten plötzlich die Alarmglocken.

„Welcher Kapitän?", fragte sie.

„Na, der Schwarze Piet. Weißt du nicht, wer das ist?"

Als Johanna stumm den Kopf schüttelte, fiel es Emily ein. Sie fasste sich an die Stirn.

„Oh, entschuldige, wie dumm von mir. Das hast du bestimmt vergessen, weil du durch den Sturm dein Gedächtnis verloren hast."

Das Gesicht der Kleinen verfinsterte sich.

„Der Schwarze Piet ist ein sehr böser Mensch. Er ist überall bekannt. Sein Schiff heißt ‚Seekatze', weil es so leise und wendig ist wie eine Katze. Es kann durch alle Klippen schlüpfen. Die meisten hier haben schreckliche Angst vor ihm. Er macht, was er will, und niemand kann ihn aufhalten. Plötzlich ist er da, wie aus dem Nichts, und er ist stark und hat Waffen. Und er hat andere Männer, die ihm helfen. Er behauptet, er muss uns beschützen."

„Wovor?", fragte Johanna, die nicht alles verstand und der doch immer unbehaglicher wurde. Emily schnaubte.

„Vor Männern, die noch böser sind als er. Mama glaubt das nicht, aber das darf ich nicht sagen. Deswegen macht er immer diese langen Seereisen. Und auf einer langen Reise brauchen seine Männer viel zu essen. Das Essen müssen wir ihnen geben, und zwar so viel, dass für uns fast nichts mehr übrig bleibt."

Sie schaute betrübt auf die mickrige Kartoffel in ihrer Hand.

„Das ist gemein!", empörte sich Johanna. „Deswegen seid ihr alle so dünn. Also, dem würde ich gar nichts geben."

Emily machte ein erschrockenes Gesicht.

„Dann würde er dich töten und sich einfach nehmen, was er braucht. Ja, das hat er schon getan!", sagte sie und nickte heftig.

Johanna verschlug es die Sprache. So etwas wie Polizei schien es hier wohl auch nicht zu geben. Hoffentlich begegnete sie diesem bösen Kapitän nicht. Obwohl? Wer wusste schon, wie lange sie hier noch festsaß? Johanna bearbeitete stumm ihre Kartoffel und wünschte sich, sie könnte auch diesen Gedanken einfach aus ihrem Kopf schälen.

Als die Kartoffeln gar waren, hatte Johanna außerdem erfahren, dass Jans und Emilys Vater bei einem Schiffsunglück irgendwo auf dem weiten Meer gestorben war, als sie noch nicht geboren war. Weil sie Emily mochte, erzählte sie ihr von ihrem eigenen Vater, mit dem sie so viele schöne Dinge erlebt hatte. Seltsam, es tat ihr gut, davon zu reden.

„Es muss schön sein, einen Vater gehabt zu haben", sagte die Kleine. Ihre Augen starrten an die Wand, als könne sie darauf die Vergangenheit sehen.

„Ich weiß nicht mal, wie meiner genau aussah", seufzte sie.

Johanna wusste, dass sie recht hatte. Es war schön, Papa wenigstens kennengelernt zu haben. Und es gab Fotos und Videos. Selbst die hatte Emily nicht ...

In diesem Moment kamen Jan und Anna nach Hause. Beide trugen Möhren, kleine Rüben und Salat in ihren Körben. Sie waren hungrig von der Arbeit und freuten sich auf das warme Essen. Hacke und Spaten stellten sie in den Hühnerhof. Anna fragte Johanna nicht viel, sondern nickte ihr nur wissend zu.

Beim Essen lobte sie Emily dafür, wie gut es im Häuschen aussah, und am späten Nachmittag schauten die ersten Nachbarn herein. Die Ankunft eines fremden Kindes hatte sich in Windeseile im Dorf herumgesprochen. Die meisten Leute waren ganz nett und wollten bloß den Rock anfassen, andere trauten sich nicht herein und starrten das unbekannte Mädchen nur von draußen durch das winzige Fenster an. Fast alle schienen die Geschichte mit dem Schiffbruch und der verlorenen Erinnerung zu glauben. Sie gaben den Tücken der Klippen um den Donnerfelsen herum die Schuld und den unberechenbaren Stürmen auf See. Nur bei einigen Besuchern hatte Johanna das unangenehme Gefühl, dass sie ihr Jans Märchen nicht abkauften. Wie die alte Frau, deren Rücken sich so nach oben wölbte, dass er ihren Kopf vorschob. Die Alte nickte beim Laufen wie ein Huhn.

„Sie ist aus der Stadt", raunte sie ihrem ebenso alten Nachbarn zu.

„Die Stadt, nach der man fragt?", hörte Johanna den Mann sagen, obwohl er sich Mühe gab, leise zu sein.

Die Hühnerfrau schob den Kopf ruckartig vor und fixierte den bunten Rock des Mädchens mit starren Pupillen.

„Und die nicht mehr verlassen werden wird", krächzte sie, während ihr buckliger Körper langsam dem Kopf folgte und ihre Krallenhand nach dem Arm des alten Nachbarn griff.

„Was für ein Unsinn!", schnaubte der Alte und schüttelte die Hand ab, worauf das Huhn beleidigt schwieg. Ein paar andere

Donnerfelsler sprachen von kilometerweiten Sümpfen, dem Gebirge und dieser Stadtmauer, die unüberwindbar sei und gut bewacht. Alles Dinge, die Johanna schon kannte. Nur wenige Informationen waren ihr neu, so wie die Namen der kleinen Ortschaften, die nach dem Moor und vor dem großen Gebirge kommen sollten. Oder war es andersherum gewesen? Johanna wusste es nicht mehr. Anna war zu allen Neugierigen gleich nett, und bei den vielen Gesprächen verging der Abend rasch.

Ehe das Mädchen sich versah, war es Zeit, zu Bett zu gehen. Nun lag sie da und wartete darauf, dass Emily und ihre Mutter einschliefen. Ihr Herz klopfte so schnell und laut, dass sie dachte, Jan könnte es durch die Zimmerdecke hören. Auch ihr Magen knurrte, denn das heute geerntete Gemüse hatte gerade für das Mittagessen gereicht. Für das Abendbrot war nichts mehr übrig geblieben, und der Hafer wurde für das Frühstück benötigt. Denn hungrig an die Arbeit zu gehen war noch schlimmer, als hungrig einzuschlafen. Na ja, so blieb sie wenigstens wach.

Ihr Kopf war auch noch nicht müde. Johanna versuchte, ihre Gedanken zu sortieren, die durcheinanderwirbelten wie Blätter im Wind. Nicht nur Emily, auch Jan und Anna hatten heute noch so viel erzählt. Davon, wie schön und friedlich es früher am Donnerfelsen gewesen war, als der Vater der Kinder noch lebte. Niemand musste Angst haben oder Hunger leiden.

Die Menschen arbeiteten damals zwar ebenso hart wie heute, aber auf See, hinter den gefährlichen Klippen, die das Dorf einschlossen, fuhren regelmäßig große Handelsschiffe. Weil nur die heimischen Steuermänner den Weg durch die Klippen kannten, fand der Handel draußen auf dem Meer statt. Die Seekatze brachte dann die getauschten Waren zum Hafen am Donnerfelsen, und es fand ein großer Markt statt. Ach, war das jedes Mal

ein Freudenfest gewesen, wenn sie einlief! Damals sprach noch niemand vom Schwarzen Piet. Die Menschen im Dorf halfen sich gegenseitig oder ließen sich wenigstens in Ruhe. Jetzt wusste man nicht mehr, wem man noch trauen konnte.

Johanna war immer noch hellwach. Ihr Kopf zeigte ihr jetzt Bilder von dem ruhigen Sandstrand in der Nähe des Hafens. Schön war es gewesen, als sie vorhin dort zusammen Wasser geholt hatten, Jan und sie. Friedlich hatte das Meer in seinem sandigen Bett gelegen und sich mit einem plätschernden Wasserlaken zugedeckt. Es schien bereits zu schlafen, und auch ihr Zorn auf den Jungen, der sie hier gegen ihren Willen festhielt, war plötzlich schwierig wachzuhalten gewesen.

Sie sah Jan vor sich, wie er neues Meerwasser schöpfte. Das tat er jeden Abend, hatte er erzählt. Es war salzig, man konnte es nicht trinken oder Essen damit kochen, aber Anna brauchte es zum Spülen und Vorwaschen, auch wenn es irgendwie klebrig war. Süßwasser musste aus den Bächen oben im Wald oder bei den Feldern geholt werden, wenn man einmal nicht genügend Regenwasser auffing. Sie nutzten es nur, um das Salzwasser aus der sauberen Wäsche zu waschen oder das Holzgeschirr nach dem Spülen ein letztes Mal einzutauchen, so wie sie es heute Morgen selbst schon mit Emily gemacht hatte.

Der Strand war nicht nur wunderschön, wie in einem Bilderbuch, man konnte dort auch ungestört reden. So hatten Jan und Johanna sich verabredet, ohne dass Anna oder Emily etwas mitbekamen. Heute Nacht sollte sie ihn zum ersten Mal im Lesen unterrichten. Der Unterricht würde dort stattfinden, wo er das Buch versteckt hielt, auf dem Dachboden. Ihr Buch! Das Mädchen konnte es kaum erwarten hinaufzuklettern. Da! Endlich atmeten Emily und Anna tief und gleichmäßig. Johanna erhob sich leise.

Vielleicht konnte sie Jan schon in dieser Nacht von der Anlaut-Tabelle überzeugen.

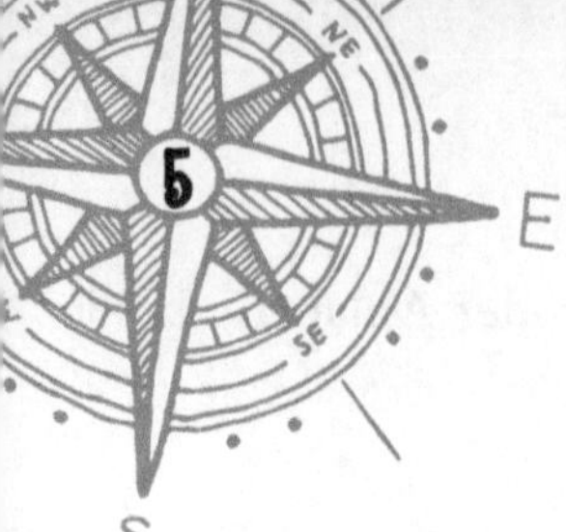

F wie Feuer und Flamme

Das Licht der kleinen Bienenwachskerze flackerte. Johanna gähnte herzhaft. Sie hatte keine Ahnung, wie lange sie Jan nun schon die Buchstaben erklärte. Eine Uhr gab es hier nicht. Der schmale Junge war mit Feuer und Flamme dabei und flüsterte gerade wohl zum gefühlt hundertsten Mal:

„Fantastisch! A wie Adler, E wie Esel, I wie Igel, O wie Ofen und U wie Uhu. Dann Au wie Auge und Ei wie Ei. Ganz fantastisch!"

Jan malte die Vokale, die er aussprach, mit dem Zeigefinger auf den Boden. Stift und Papier besaß er nicht.

„Wir sollten jetzt schlafen!", protestierte das Mädchen müde.

„Warum?", fragte der Junge, ohne den Fußboden aus den Augen zu lassen.

„Weil du nicht alle Buchstaben auf einmal lernen kannst!"

„Und warum nicht?"

Jan wollte noch nicht aufhören. Er schien ein Naturtalent zu sein. Die Zeichen kamen ihm logisch und überhaupt nicht verwirrend vor.

„Weil es ungefähr 26 verschiedene gibt und große und kleine und zusammengesetzte." Johanna stöhnte. „Da kann man durcheinanderkommen, glaub es mir! Außerdem gibt es noch zwei verschiedene Schriften, eine Druckschrift und eine Schreibschrift."

„Warum das?"

Jan zog überrascht eine Augenbraue hoch.

„Das habe ich mich auch schon oft gefragt", seufzte das Mädchen und zuckte dann die Achseln. „Die hier lassen sich wohl besser lesen, die anderen sollen besser zu schreiben sein. In diesem Buch ist aber nur die eine Sorte. Damit fängt man an."

„Einverstanden", erklärte Jan und schloss das Buch sorgfältig. Vorsichtig schob er es in sein Strohlager. „Schlaf gut!", sagte er kurz und knapp und drehte ihr den Rücken zu.

Wenigstens hört er einmal auf mich, dachte Johanna erleichtert, als sie die Leiter wieder hinunterstieg. Es fühlte sich gut an, einem anderen etwas beizubringen. Dass ihre mangelhaften Lesekünste dafür ausreichten, um jemandem weiterzuhelfen, war eine ganz neue Erfahrung. Doch so sehr sie das auch freute, ärgerte sie sich doch über die Dickköpfigkeit des Jungen. Er bestand darauf, dass sie hierblieb, bis er es gut genug konnte. Die Bilder und die Anlaut-Tabelle reichten ihm nicht aus. Basta! Johanna wurde es wieder heiß, und sie überlegte.

Die besten Kinder aus ihrer Klasse hatten das Lesen schon in der ersten Klasse vor Weihnachten begriffen. Das wusste sie noch genau, weil sie es selbst bis Ostern nicht gekonnt hatte. Das hieße, dass sie wohl noch ungefähr vier Monate bleiben müsste. Vielleicht konnte Jan es aber auch schneller lernen. Er war viel älter als ein Erstklässler. Vier Monate! Die Zahl saß wie ein Schreckgespenst in Johannas Nacken. Sie schloss die Augen und wackelte mit den Schultern, als könnte sie das Biest dadurch vertreiben. Bloß nicht daran denken, wie lange sie noch hier ausharren müsste! Schweißtropfen traten auf ihre Stirn. *Nein, ich will auf das Gute sehen!*, entschloss sie sich und bremste ihren schnellen Atem mit den Lippen. Ein Anfang war immerhin gemacht. Sie musste schmunzeln. Anfang fing auch mit A an.

Am nächsten Morgen kam Johanna das Häuschen von Anna schon fast vertraut vor. Sie fühlte sich in etwa so wie in einer Ferienwohnung am zweiten Urlaubstag. Nur dass sie leider nicht so viel freie Zeit hatte wie im Urlaub. Vielleicht war das aber auch ganz gut so. Wenn man zu tun hat, kann man nicht so viel nachdenken.

Der Tag war schon geplant und würde ähnlich wie der davor ablaufen. Nach dem Frühstück – es gab wieder Haferbrei, und er schmeckte noch besser als gestern – wollten sie wieder zu den geheimen Gärten hinaufsteigen. Diesmal sollten Johanna und Emily mitkommen. Deswegen spülten sie gleich und begannen mit den üblichen Putzarbeiten. Weil Anna und Jan mithalfen, war das Häuschen schneller in Ordnung gebracht als gestern, und nachdem Emily sich ausgiebig von dem Huhn verabschiedet hatte, konnten sie aufbrechen.

Johanna reckte die Nase in die frische Seeluft. Die Sonne schien warm, und es roch nach Frühsommer. Direkt hinter dem kleinen Häuschen begannen die Klippen. Johanna war überrascht, dass tatsächlich ein winziger, schmaler Weg nach oben führte. Jan hatte recht gehabt. Auf den ersten Blick konnte man ihn gar nicht sehen, so unscheinbar war er. Tausende Fußtritte hatten ihn wohl im Laufe der Jahre in den schwarzen Felsen getrieben. Nur im unteren Bereich war er feucht und etwas glitschig, aber je höher man kam, desto trockener und sicherer wurde es. Das Klippensteigen war für das sportliche Mädchen kein Problem.

Es machte ihr auch nichts aus, dass jeder dabei etwas tragen musste. Sie liebte es, sich zu bewegen, und die frische Luft wirkte belebend. Am liebsten wäre Johanna gerannt, aber auf diesem Weg ging das natürlich nicht. Außerdem wanderten wegen Emily alle langsamer, als ihr lieb war. Nachbarn, die das gleiche

Ziel hatten, grüßten kurz und überholten sie dann. Wenn das geschah, musste sie sich mit dem Rücken an den Felsen quetschen. Immer wieder stoppte Anna und ließ die Kleine etwas aus einem Wasserschlauch trinken. Doch irgendwann waren auch die vier oben auf dem Donnerfelsen angekommen. Johanna trat gleich nach Jan auf die ebene Fläche.

„Hier sieht es ja ganz anders aus!", rief sie überrascht.

Der Sand war der Erde gewichen. Halbhohes sattgrünes Gras wehte im Wind, und in flachen Mulden konnte man angelegte Beete erahnen. So ähnlich hatte es in Mamas Garten auch einmal ausgesehen. Überall waren Gärtner am Werk. Als sie näherkam, sah Johanna, dass die Beete wirklich sehr ordentlich waren. Noch sehr kleine Salat- und Kohlköpfe standen Soldaten gleich in Reih und Glied. Die orangenen Mini-Möhren steckten so gerade im Boden, als hätte sie jemand mit dem Geodreieck ausgerichtet. Blühende Beerensträucher dienten als Rahmen für das perfekte Bild. Es summte und brummte von allen Seiten, und am Ende des Feldes wachte ein niedriger Holzschuppen.

Emily ließ sich erschöpft in seinem Schatten nieder. Rechts neben ihr entdeckte Johanna den Grund für das schwirrende Summen. Mehrere Bienenstöcke, vielleicht zwanzig Stück, standen dort nebeneinander in einem mit Stroh gedeckten Regal wie Glocken, die gerade Pause haben. Hinten und an den Seiten waren Bretter angebracht. Emsig flogen die Insekten durch kleine Spalten an der Vorderseite der Körbe hinein und hinaus. Deshalb kam Johanna darauf, dass es Bienenstöcke sein mussten, auch wenn sie hier ganz anders aussahen. Sie waren weder aus Holz noch rechteckig. Es schienen eher zu einer Schnecke zusammengewickelte Strohwürste zu sein. Ein bisschen erinnerte Johanna die Form dieser Würste an den Topfuntersetzer, den sie

für Mama mit ihrer Strickliesel gebastelt hatte, nur, dass dieser natürlich ganz platt gewesen war.

„Na, was stehst du da mit offenem Mund und starrst auf meinen Bienenzaun?"

Anna lachte über Johannas verdutztes Gesicht. Sie hatte gar nicht bemerkt, dass ihr Mund offen stand.

„Hast du so etwas noch nie gesehen? Der Zaun schützt die Bienen vor Regen und Wind."

Damit öffnete sie die Tür zum Holzschuppen, und Johanna blickte auf scheinbar endlose Reihen von Tontöpfen und Töpfchen mit Holzdeckeln.

„Was ist denn das für ein Eimer, der hat ja lauter Löcher und drei Beine?!", fragte sie. Anna musste schon wieder lachen.

„Das ist kein Eimer, sondern eine Honigpresse!"

Jans Mutter stellte ihre Körbe auf den Boden und nahm das seltsame Gebilde in die Hand.

„Zuerst lege ich die Honigwaben hinein", erklärte sie. „Weißt du, was das ist?"

Johanna nickte. Sie dachte an den Ausflug mit Papa zum Bienenlehrstand. Fasziniert hatte sie die zusammengeklebten Sechsecke aus Wachs bewundert, in denen die Bienen ihren Honig lagern.

„Gut", fuhr Anna auch schon fort, „ich lege also die Waben hinein. Dann drehe ich an dem oberen Griff. Dadurch schraubt sich diese runde Holzplatte langsam immer tiefer in den Eimer und presst die Waben zusammen. Der Honig läuft dann durch die kleinen Löcher hinaus. Er wird hier unten aufgefangen, und danach fülle ich ihn in diese Tontöpfe", sagte Anna und zeigte auf die Regale im Schuppen. „Man braucht nur ein wenig Geduld."

„Oh", machte Johanna und dachte an die modernen, hand- oder motorbetriebenen Honigschleudern, die sie in Remsig bewundert hatte. Der Edelstahl der Behälter hatte in der Sonne geglitzert, die durchs Fenster schien, und durch den durchsichtigen Plastikdeckel konnte man hineinschauen. Im Honigraum hatte sie dem Imker dann dabei zugesehen, wie er an der großen Kurbel drehte und die Rahmen mit den Waben immer schneller im Kreis wirbelte. Zu schnell durfte er nicht sein, denn dann brachen die Waben. Beim richtigen Tempo aber flog der Honig an die Wände des Stahlbehälters und zog feine, goldgelbe Fäden wie Zuckerwatte. Ihre Nase erinnerte sich noch gut an den Duft, der den ganzen Raum erfüllt hatte. Bei Anna musste das wohl ganz anders funktionieren.

Jans Mutter stellte die Presse zurück an ihren Platz. Ihre Hand lag ein bisschen länger als nötig auf dem löchrigen Eimer.

„Mein Mann hat diese Spindelpresse noch selbst gebaut", sagte Anna, ohne Johanna anzugucken. „Früher war er unser Imker. Zum Glück habe ich viel von ihm gelernt, und seine Ausrüstung ist immer noch ganz gut brauchbar."

Dann sagte Anna nichts mehr. Sorgfältig schloss sie die Schuppentür und ging auf die Felder zu. Erst nachdem sie einige Minuten schweigend im Garten gearbeitet hatten, erzählte Jans Mutter noch mehr aus der alten Zeit, die zwar auch nicht immer gut, aber besser als die jetzige gewesen war. Für ihren Honig und das Bienenwachs hatte sie viel auf dem Markt eintauschen können.

Während sie Anna zuhörten, hackten und jäteten die drei Kinder die großen Beete. Später holten Jan und Johanna mit dem Eimer Wasser aus dem winzigen Bach und begossen die Pflanzen, während Emily ein wenig ausruhte. Schließlich ernteten sie zwei schon etwas größere Salatköpfe und knabberten ein paar von den krummen Rüben, die für das Abendessen gedacht waren. Nebenbei erfuhr Johanna, dass jeder im Dorf irgendetwas besonders gut konnte. Das, was er dabei herstellte, tauschte er mit den anderen Bewohnern. Anna plauderte über den Töpfer, den Schreiner, den Glaser, die Spinnerinnen und Weberinnen, die Gerber und Färber, den Schmied und die Fischer und wie unterschiedlich ihre Arbeit war. Sie beschrieb den schwierigen Getreideanbau und bedauerte, wie wenig Tiere es gab, die Milch lieferten. Zuletzt warnte sie vor den Männern, die aus Rüben und Beeren verschiedene Arten von Rum und Schnaps herstellten, und vor denen, die dann zu viel davon tranken.

„Nun, und ich bin immer noch die Einzige, die Heide-Honig macht und Wachs herstellt. Ich bin die Imkerin“, schloss Anna, als sie sich mit Brot und Wasser zum Ausruhen niederließen.

„Bist du schon oft gestochen worden?“, fragte Johanna. Sie hatte immer schon Respekt vor den Stacheln der Bienen gehabt.

„Keine Sorge. Sie stechen nur, wenn du ihnen Angst machst. Zum Beispiel, wenn du ihnen zu nahe kommst oder dich hektisch bewegst. Und natürlich, wenn du sie aus Versehen einquetschst.“

Johanna nickte. Auch das hatte sie von ihrem Papa gelernt.

„Ja, ich weiß. Das tut zwar weh, und die Beule juckt ein paar Tage, aber die Biene muss den Stich mit ihrem Leben bezahlen“, erinnerte sie sich.

„Genau“, bestätigte Anna nachdenklich. „Sie wollen sich nur verteidigen und opfern sich, um ihr Volk und die Brut zu beschützen.“

Dann schloss sie die Augen und döste einen Augenblick, bevor sie sich wie alle anderen auf den Abstieg hinunter ins Dorf machen mussten.

Nach dem langen Tag oben auf den Klippen schmerzten Johannas Arme und ihr Rücken von der ungewohnten Arbeit. Die Augen brannten vom salzigen Wind, doch ihre Beine waren immer noch frisch. Also ging sie bis zum Abendbrot mit Jan hinunter zum Strand. Anna hatte sie fortgeschickt, und beide Kinder trugen einen leeren Holzeimer. Jan führte Johanna erst durch den ganzen Ort. Vor einigen größeren Häusern blieb der Junge kurz stehen.

„Hier ist der Schreiner, daneben der Töpfer", erklärte er, „und am Ende dieser Straße findest du die Schmiede."

„Warum gibt es denn keine Schilder, auf denen steht, wer dort wohnt?", wunderte sich Johanna.

„Weil jeder weiß, was was ist, und wer es nicht weiß, kann sowieso nicht lesen."

Johanna kniff die Augen zusammen. Für sie sahen alle Häuser gleich aus. Sie musste sich wohl durchfragen, sollte sie je ein bestimmtes Geschäft suchen. Jan ging jetzt etwas schneller. Auf einmal standen sie auf einem großen Platz, der wie tot dalag. Der Junge hielt wieder an und guckte ernst.

„Der Marktplatz", sagte er. „Als ich so alt war wie Emily, war hier alles vollgestellt mit Ständen, und die Kunden drängelten sich davor."

In ihrer Vorstellung sah Johanna den Remsiger Wochenmarkt vor sich. Ob das hier so ähnlich gewesen war? Der große Junge stieß sie an.

„Komm, wir müssen weiter!", sagte er und lief hinunter ans Wasser.

Am Strand sammelten sie gemeinsam das wenige angeschwemmte Holz auf und legten es auf einen kleinen Haufen.

„Das trägst du gleich", entschied Jan.

Johanna wollte schon dagegen protestieren, dass er das so einfach bestimmte, da fiel ihr ein, dass die Wassereimer viel schwerer waren, und sie widersprach lieber nicht. Ihr Begleiter ging bis zu den Knien ins Meer und schöpfte seinen Holzeimer voll Salzwasser. Dann nahm er Johanna ihren Eimer ab und wiederholte das Ganze. Ein kleiner Junge tat es ihm nach. Johanna lächelte ihn an, und er lächelte schüchtern zurück, bevor er mit seinem Wasser wieder in das Dorf wankte. Das Mädchen sah ihm hinterher.

„Warum gibt es hier eigentlich so wenig Kinder?", fragte sie, „zum Beispiel niemanden in deinem Alter?"

Jan sah sie mit schmalen Lippen an.

„Kannst du dir das nicht denken?", meinte er und klang dabei wie ein Lehrer, der feststellt, dass keiner die Hausaufgaben gemacht hat. Er seufzte und setzte die beiden schweren Eimer noch einmal ab. Dann zeigte er auf den Waldrand oben auf den Klippen direkt hinter den Häusern. Seine Finger zitterten.

„Dort sind sie!", sagte er leise.

„Wie? Im Wald?"

Johanna verstand nicht, was er meinte.

„Ja, so kann man es auch nennen. Dort ist jedenfalls der Friedhof", erklärte er jetzt lauter und schneller. Das Wort *Friedhof* spie er aus wie ein altes, hartes Kaugummi, das man schon drei Tage ausgelutscht hatte. „Das Leben hier ist zu hart für die Kleinen und Schwachen unter ihnen. Wir sprechen nicht darüber und gehen nicht da oben hin, nur ..." Er ließ den Satz unvollendet. „Alle versuchen es zu vergessen", begann er noch einmal, „aber wir haben dennoch Angst davor, dass es beim nächsten Mal unsere eigene Familie treffen könnte", gab der Junge zu und schloss sich selbst mit ein.

Johanna schwieg betroffen. Was hätte sie auch sagen sollen? Dass sie genau wusste, dass er an Emily dachte? Oder dass es in ihrer Welt ähnlich war? Dass man auch dort nicht über den Tod sprach? Dass selbst Freunde sich zurückzogen, wenn man einen geliebten Menschen verlor? Hätte das etwas genützt, wenn sie ihm gesagt hätte, dass sie genau wusste, wie sich das anfühlt? Jan starrte immer noch wie gelähmt auf den Waldrand. Seine Arme hingen schlaff herunter.

„Bist du wütend auf Gott?", fragte sie und fühlte ihre eigene Wut. Jan sah sie fragend an. Dann streckte er sich und spannte die Arme an. Seine Finger rollten sich zu Fäusten.

„Gott, wer soll das sein?"

Johanna stutzte. Wenn Jan noch nie etwas von Gott gehört hatte, wie sollte sie das dann erklären? Wer war Gott eigentlich? Was wusste sie über ihn? Ihr wollte keine Antwort einfallen. Aber Jan hatte wohl plötzlich verstanden.

„Ach, du meinst ein höheres, unsichtbares Wesen, das diese Welt gemacht hat?"

Er zeigte auf das Meer und das Land. Johanna nickte und wartete. Jan senkte die Stimme.

„Ja, wenn du das meinst. Wir nennen dieses Wesen den Großen Unbekannten und sprechen den Namen nur selten aus", gab er Auskunft. „Manche von uns sagen allerdings, es gäbe ihn überhaupt nicht, er sei nur Einbildung."

Johanna sah ihn nachdenklich an.

„Und was denkst du?"

„Ich? Ich hatte ihn bis gerade völlig vergessen." Jan schüttelte den Kopf. „Jedenfalls rechne ich nicht mit einem Großen Unbekannten. Weder im Guten noch im Schlechten. Nein, hier muss jeder selbst sehen, wie er klarkommt." Heftig hob er die

Eimer an. „Es gibt niemanden sonst, dem du die Schuld geben könntest."

Mit Wasser und Holz beladen gingen beide Kinder schweigend auf dem kürzesten Weg zurück nach Hause. Es duftete nach Rüben und Möhren, als sie das kleine Häuschen betraten. Trotz ihrer trüben Gedanken war Johanna ein kleines bisschen stolz, dass ihr diesmal kein einziges Stück Holz hinuntergefallen war.

G wie Grauen

Die nächsten Tage waren ausgefüllt und die Nächte kurz. Johanna fügte sich immer mehr in den Alltag der kleinen Familie ein. Sie lernte, Wäsche zu waschen, ohne eine Waschmaschine zu benutzen, und Anna besorgte ihr andere Kleidung. So fiel sie weniger auf und konnte wie die anderen Frauen und Mädchen auch mit einem groben Hemd und einer langen Unterhose bekleidet im Meer baden gehen. Anfangs kam sie sich furchtbar komisch dabei vor. Die schwere Kleidung saugte sich voll Wasser und zog sie nach unten. So war das Schwimmen viel anstrengender als im Badeanzug, selbst wenn man sich auf das Brustschwimmen beschränkte oder sich nur auf den Rücken legte, um auszuruhen.

Johanna besserte einen Riss in ihrem Rock aus und zeigte Emily an einem alten Putzlappen, wie man Stoffstücke zusammennäht. Die Kleine stellte sich auch dabei sehr geschickt an. Das große Mädchen staunte, wie schnell Emily begriff und wie ordentlich sie arbeitete. So verblasste Johannas Erinnerung an ihr altes Leben mit jedem Tag etwas mehr. Nur wenn sie an ihre Mutter dachte, zog sich ihr Magen zusammen, und sie konnte manchmal gar nicht so viel essen, wie sie eigentlich wollte. Um nicht weinen zu müssen, verdrängte sie den Gedanken immer häufiger.

Sie konzentrierte sich auf das Lesen und begann damit, ihren Aufenthalt am Donnerfelsen nur als eine Art von Sprachferien

zu sehen. Das half meistens. Ihre Wut auf Jan ließ immer mehr nach. Es war einfach zu anstrengend, immer wütend zu sein. Außerdem freute sie sich darüber, dass ihr Schüler riesige Fortschritte im Lesen machte. In den nächtlichen Unterrichtsstunden bei Kerzenschein leuchteten seine Augen vor lauter Lesefieber, und Johanna ahnte langsam, was es ihm bedeutete. Immer öfter musste sie ihn ermahnen, leise zu sein.

„Ja, ist gut, Mama und Emily haben einen tiefen Schlaf", wischte er ihre Bedenken ein ums andere Mal fort.

„Na, ich bin mir da nicht so sicher", flüsterte Johanna.

Sie lauschte. Ihre guten Ohren hatten schon öfter verdächtige Geräusche gehört. Auch gerade eben hatte unten eine Bodendiele geknarrt, wenn sie sich nicht täuschte. Aber Jans Begeisterung konnte sie nicht stoppen. Er freute sich wie ein Schneekönig über jeden neuen Buchstaben und daran, wie sie fast von allein aneinanderklebten und zu Wörtern wurden. Im Grunde war sie froh, dass er so schnell vorankam. Schwierig wurde es nur, wenn die Wörter Dinge meinten, die der Junge nicht kannte.

„Was ist ein Au... Auto, Johanna? Oder ein Mo... Motor?"

Um nicht unnötig Zeit mit langwierigen Erklärungen zu verschwenden, ließ sie ihn in dem Glauben, dass diese seltsamen Blechkisten, die man Autos nannte, ganz von alleine fuhren. Es hätte keinen Sinn gemacht, noch etwas von Benzin und Tankstellen zu erzählen. Außerdem wusste Johanna selber nicht so genau, wozu ein Auto Benzin brauchte und wie ein Motor funktionierte.

„Komm, wir gehen vor dem Abendessen noch etwas schwimmen", rief Jan und lief über den Strand auf das Meer zu. Johanna lachte. Die meisten Leute vom Donnerfelsen konnten nicht schwimmen und gingen daher nicht ohne Grund und nur bis zum Bauchnabel ins Wasser. Jan dagegen hatte einfach Spaß.

„Meinetwegen kannst du dein Planschen auch Schwimmen nennen!“, rief sie dem Jungen hinterher. „Aber ich komme gleich.“

Die kleinere Bucht, die schon ein Stück im Westen des Dorfes lag, gehörte ihnen heute ganz allein. Die Sonne schien warm, und Johanna war schon braun gebrannt. Jan warf sich ohne zu zögern in die Wellen. Das Mädchen schlenderte heran und sah ihm eine Weile zu.

„Meine Güte! Du siehst ja aus wie ein rudernder Hund. Bei uns nennt man das Hundekraul“, zog sie ihn auf.

„Hauptsache, ich bleibe oben, oder?“, gab Jan zurück und versuchte, sie nass zu spritzen. Aber Johanna stand zu weit weg.

„Ich wusste genau, was du vorhattest: mit Wasser spritzen und im Sand herummalen. Aber ich komme trotzdem mit rein.“

Sie zog sich gerade die Schuhe aus, als Jan wegrutschte. Er ging kurz unter und nahm einen kräftigen Schluck Salzwasser. Johanna lachte laut los. Sein angewidertes Gesicht sah einfach zu komisch aus. Jan nahm ihr das Gelächter nicht übel. Das tat er nie. Er lachte immer mit. Eigentlich kam man ganz gut mit ihm aus.

Kurz darauf schwamm Johanna im Meer. Hier konnte sie alles vergessen. Das Wasser war ihr Element. Die beiden tollten durch die seichte Brandung und ließen sich von den Wellen umwerfen, bis sie müde waren.

„Ich glaube, meine Haut ist überall aufgeschrammt!“, stöhnte Johanna, als sie nebeneinander am Strand in der Sonne lagen.

„Meine auch! Macht aber nichts“, meinte Jan und setzte sich auf. Er schnappte sich einen Stock.

„Das ist mein Lieblingsbuchstabe“, sagte er und malte ein großes S in den Sand. „Die schönsten Dinge fangen mit S an. See, Sand, Sonne, und das Summen der Bienen klingt so. Ssssss ...“

„Du spinnst. Das S ist ein schrecklicher Buchstabe. Es sieht aus wie eine Schlange. Ich weiß nie, wie sie sich schlängelt“, seufzte Johanna. „Ich mag lieber das O und das H. Da kann man nichts falsch machen. Die sehen von beiden Seiten gleich aus.“

„So, So“ schrieb Jan in den Sand.

„Das sieht doch aus wie eine Schlange, die auf ein Ei schielt, um es gleich aufzuessen“, behauptete er und malte dem S oben einen Kopf. Das hatte er nämlich einmal beobachtet. „Sie würde niemals wegsehen, weil Schlangen gerne Eier fressen.“

Jan malte das S verkehrt herum vor das O, sodass das kurze Wort eher nach der Zahl 2o aussah.

„Das J ist wie einer meiner Angelhaken“, sagte er dann und schon stand „JAN ANGELT“ im Sand.

Johanna stemmte sich in den Sitz und sah dem Jungen zu.

„Dass dir das nie langweilig wird“, wunderte sie sich. „Überall entdeckst du Buchstaben. Selbst beim Unkrautjäten neulich. Weißt du noch? Du hast mir diese dreckige Wurzel unter die Nase gehalten und behauptet, sie sähe aus wie ein U.“

„Es war ein F.“

„Ist doch egal.“

Jan grinste. Johannas erdige Nasenspitze hatte ihm gefallen.

„Komm, das macht dir doch auch Spaß. Gib es ruhig zu! Besonders, wenn es Pfannkuchen gibt“, sagte er.

„Von wegen!“

Johanna ließ sich zurück in den Sand sinken und schloss die Augen.

„Nur du beißt mit den Zähnen in den Pfannkuchen und murmelst dabei Buchstaben vor dich hin. Normale Menschen benutzen Messer und Gabel und reden nicht mit vollem Mund", meinte sie.

„Pfft! So ein Pfannkuchen sieht doch aus wie ein O. Und wenn man oben abbeißt, entsteht ein U."

„Ja, ja. Und L und J und I und so weiter. Weiß ich langsam, trotzdem fällt es deiner Mutter garantiert irgendwann auf, dass doch noch mehr hinter deiner komischen Esserei steckt. Du musst vorsichtiger sein."

„Ist gut. Ich versuche, dran zu denken. Aber hier am Strand ist es ungefährlich. Spielst du mit?"

Johanna lag immer noch mit geschlossenen Augen in der Sonne. Statt einer Antwort streckte sie die Beine lang aus und legte beide Arme seitlich vom Körper weg in den weichen Sand.

„Ich bin ein T", sagte sie und fühlte das T. Da rieselte Sand auf ihren Kopf.

„He, du T! Du bist voller Ssss... Sand. S wie Sand", lachte Jan und rannte wieder ins Wasser, bevor sie nach ihm greifen konnte.

Doch plötzlich hielt er im Spiel inne und starrte wie gebannt zum Hafen. Seine Augen hörten auf zu glänzen, und seine Mundwinkel sanken herab. Der Übermut war auf einmal wie weggeblasen.

„Was ist los?", fragte Johanna und drehte sich um.

Ein großes Segelschiff kam hinter dem Donnerfelsen hervor. Bald war es ganz zu sehen. Wie an einer unsichtbaren Schnur gezogen glitt es langsam auf den Hafen zu. Das Meer unter ihm glitzerte weiß im Sonnenlicht, und der strahlend blaue Himmel bildete den perfekten Hintergrund. So harmlos und schön dieser Anblick auch war, er löste bei den beiden Kindern keine

Glücksgefühle, sondern das kalte Grauen aus. Denn nicht nur die Seekatze war zurück, sondern mit ihr auch der Schwarze Piet.

Emily und Anna wussten noch nichts davon. Sie waren guter Dinge und dachten an nichts Böses. Das Gemüse war fast gar und die Wäsche trocken. Gerade legte Anna sie in die große Holztruhe. Emily deckte den Tisch für vier, als die Tür aufflog. Ihr fiel eine Gabel aus der Hand.

„Der Kapitän ist zurück", keuchte Jan.

Johanna und er waren den ganzen Weg gerannt, und ihre Kleider trieften noch. Anna verlor kein Wort über die Pfützen auf dem Boden.

„Zieht euch schnell um und hängt die Sachen auf! Dann essen wir", sagte sie scheinbar gleichgültig. Doch ihr Gesicht war unter der Sommerbräune blass geworden. Auch Emily hatte nichts gesagt. Nur ihre Hände zitterten, als sie sich nach der Gabel auf dem Fußboden bückte, und ihr war schlagartig der Appetit vergangen.

Die Mahlzeit verlief schweigend. Niemand hatte Lust zu reden. Alle stocherten in ihrem Gemüse herum, anstatt es in den Mund zu stecken und herunterzuschlucken. Vergeblich forderte Anna die Kinder zum Essen auf. Da sie selbst allerdings auch nur wie ein Spatz aß, nützten die besten Ermahnungen nichts.

„Mama, ich kann nicht schlucken, mein Hals ist so eng", protestierte Emily schließlich und ließ die Gabel sinken. Auch Jans Mutter legte ihren Löffel hin.

„Ich weiß nicht, wie viel Zeit uns noch bleibt", sagte sie. „Die Matrosen werden das Schiff erst entladen und feiern. Aber spätestens wenn sie ihren Rausch ausgeschlafen haben, werden die ersten Männer hier auftauchen."

„Was wollen sie denn?“, fragte Johanna, und ihre Stimme zitterte ein kleines bisschen. „Warum kommen sie?“

„Sie kommen, um uns unser Gemüse, das Obst und den Honig wegzunehmen“, stellte Anna bitter fest. „Nach der Reise ist immer vor der Reise. Die Mannschaft braucht neuen Proviant.“

„Die Seekatze wird meistens sofort neu beladen. Dann kann sie umso schneller wieder auslaufen“, knurrte Jan. „Es kann gut sein, dass noch heute Abend jemand von den Matrosen vorbeikommt. Die ersten werden gleich durchs Dorf ziehen.“

„Es ist besser, wenn alles für sie bereitsteht.“

Anna stand auf und begann, Töpfe mit Honig und Körbchen voll Beeren und Gemüse an die Tür zu stellen. Schon bald türmte sich dort ein kleiner Berg. Wehmütig blickte Johanna auf die Früchte ihrer harten Arbeit. So viel wollte Anna abgeben?! Dann setzten sich alle vier noch einmal zu Tisch und versuchten weiter zu essen. Emily kullerten ein paar Tränen über die Wangen.

„He, Süße, du musst nicht weinen, wir schaffen das schon!“, versuchte Anna sie aufzumuntern.

Sie strich ihr gerade über den Kopf, als die Tür aufging. Eher als gedacht stand der erste Matrose im Haus.

„Einen guten Abend!“, wünschte der große Mann betont fröhlich. Doch man hörte, dass seine gute Laune nur gespielt war. Johanna starrte ihn kurz mit aufgerissenen Augen an. So jemanden hatte sie noch nie gesehen! Ihr Blick wanderte von den wenigen schlechten Zähnen des Matrosen hinauf zu seiner Glatze. Die buschigen Augenbrauen wirkten fehl am Platz. Anscheinend waren alle Haare vom Kopf zu ihnen hinuntergewandert. Das rechte Ohr des Mannes war nicht mehr ganz. Der untere Teil fehlte, und eine breite, lange Narbe verlief quer über

seine rechte Wange. Durch den entstellten Kopf sah die ganze Gestalt bedrohlich aus, daran änderte auch die saubere Kleidung nichts. Die Dreiviertel-Segeltuchhose und die braune Lederweste über dem weißen Hemd mochten praktisch für die Seefahrt sein. Doch das lange Messer an dem Gürtel war mit seinem breiten Griff und der krummen Klinge wohl kaum zum Kartoffelschälen geeignet. Man machte wohl besser keine Bekanntschaft damit! Ein Bein des Matrosen steckte in einem schwarzen Lederstiefel. Das andere endete unterhalb des Knies auf einer kleinen Holzschüssel mit Stiel.

„Wie ich sehe, hat man Besuch", sagte der Mann. Sein falsches Lächeln wuchs zu einem Grinsen.

„Das ist Johanna", erklärte Jans Mutter.

„So, so, Johanna. Und wie kommt die hierher?", fragte die Glatze misstrauisch.

„Sie stammt vermutlich aus einer Stadt im Osten und hat bei einem Sturm Schiffbruch erlitten. Jan hat sie oben im Wald entdeckt."

Der Matrose ging um den Tisch herum und betrachtete Johanna von allen Seiten. Es sah so aus, als würde er erst einmal gar nichts glauben, auch nicht das, was er mit eigenen Augen gesehen hatte. Sogar, dass sie hier direkt vor ihm saß, schien für ihn zweifelhaft.

„Sie hat ihr Gedächtnis verloren und erinnert sich nicht daran, wie sie hierherkam", ergänzte Anna.

Der Mann blieb stehen. Spöttisch zog er den nicht vorhandenen Hut vor Johanna.

„Habe die Ehre. Owe Holzbein ist mein Name. Der Schwarze braucht ein wenig Futter für die Katze. Bitte!", heuchelte er. „Das da kann wohl kaum alles sein, was ihr beisteuern wollt, oder?"

Er zeigte auf die Lebensmittel an der Tür. Seine Augenbrauen wuchsen zu einer einzigen zusammen und stellten sich dabei auf wie das Nackenfell eines wütenden Hundes.

„Der Schwarze bittet nicht, er befiehlt!“, antwortete Anna unbeeindruckt und funkelte Owe an. „Das da ist mehr als genug. Noch etwas haben wir nicht übrig. Es ist Frühling, nicht Herbst. Wie du siehst, sind wir nun zu viert, und die Kinder brauchen frisches Obst und Gemüse.“

Holzbein erwiderte nichts. Er suchte die Stube mit den Augen ab und entdeckte die Leiter zum Dachboden.

„Bestimmt habt ihr da oben noch etwas versteckt“, grölte er und fasste an eine Sprosse. Dann begann er so flink hinaufzusteigen, als hätte er zwei gesunde Beine. Anna blieb gelassen.

„Da oben schläft nur ein armer hungriger Junge, dem ihr das Essen wegnehmt. Da wirst du nichts finden!“, rief sie ihm hinterher.

Es polterte, als Owe vor einen Eimer trat und Jans Habseligkeiten durcheinanderwarf. Er fluchte fürchterlich. Dann kam er wieder in die Stube und baute sich vor Anna auf. Er zeigte auf ihren Sohn.

„Der da?! Der wird schon bald genug zu essen haben.“

„Wie meinst du das?“

Annas Hände fassten von ganz allein an die Tischkante.

„Der Kapitän will ihn als Schiffsjungen.“

Oh weh, das hatte gesessen! Jan wurde blass und wich etwas zurück. Anna klammerte sich jetzt an der Tischkannte fest, als baumelte sie an einem Felsvorsprung über einem gähnenden Abgrund. Trotzdem blieb sie aufrecht stehen und ließ sich erst auf einen Stuhl fallen, als der Matrose alles zusammengerafft und schwerbepackt ihr Haus verlassen hatte. Mutter und Sohn

sahen sich an. Sie brauchten nichts zu sagen. Beide wussten, dass sie keine Wahl hatten, wenn Jan am Leben bleiben wollte. Das schwarze Grauen streckte seine kalte Hand nach den Resten ihrer Familie aus. Aber Anna schlug nur kurz die Hände vor die Augen. Dann legte sie eine Hand auf Jans Hand. Ein wenig Farbe kehrte in sein Gesicht zurück.

„Am besten räume ich gleich auf", sagte er tapfer und ging zur Leiter, um auf den Dachboden zu klettern.

Anna nickte wortlos. Sie starrte weiter auf die Tischplatte. Doch kaum war Jan in seinem Zimmer angekommen, da winkte er Johanna auch schon zu sich. Das Mädchen zögerte einen Moment und sah zu Anna und ihrer Tochter. Gerade schob Emily ihre kleine weiße Hand in die große ihrer Mutter und drückte sie sanft. Anna erwiderte den Händedruck. Als sie auch ihren Blick auf Emily richtete, folgte Johanna erleichtert Jans Wink und stieg die Leiter zur Bodenluke empor. Annas Sohn sah sie mit unruhigen Augen an. Das übrige Gesicht war starr wie eine Maske und seine Stimme tonlos.

„Dein Buch ist weg!", flüsterte er.

H wie Heide und Honig

Johanna starrte aus dem Fenster. Nun war Jan schon zwei Wochen fort. Die Wand in der Küche hatte 14 Kerben. Für jeden Tag ohne ihren Sohn ritzte Anna eine weitere schmale Rille in das Holz. Wie schnell alles gegangen war! Die Seekatze hatte nur drei Tage vor Anker gelegen. Die wenige Ladung war rasch ausgeladen, frische Lebensmittel, Süßwasser und haltbare Vorräte waren an Bord gebracht worden. Die Arbeit schien gut eingeteilt. Es gab ein paar Männer, die genauso geschickt wie Owe darin waren, Proviant und Ausrüstung zu „beschaffen". Die übrigen Matrosen hämmerten, sägten und flickten. Offensichtlich gab es eine Menge zu reparieren. Wie viele Männer gehörten überhaupt zur Mannschaft? Johanna wusste es nicht. Es war nicht möglich gewesen, sie zu zählen. Im Hafen wimmelte immer alles durcheinander, und sie kannte noch längst nicht alle Bewohner des Dorfes. Obwohl das Schiff sie magisch anzog, hatte sie nur aus sicherer Entfernung zugeschaut und die Seekatze bewundert. Es war ein schönes Schiff.

„Pinasschiff nennt man das", hatte Jan ihr noch erklärt. „Die großen senkrechten Holzstämme heißen Masten. An ihnen sind die Segel befestigt. Das größte ist das Hauptsegel. Siehst du, wie unregelmäßig rechteckig das Segel an dem Achtermast ist? Man nennt das Gaffelsegel. Die obere schräge Holzstange an diesem Segel nennt man Piek, die untere gerade Stange heißt Baum. Du

musst aufpassen, dass du den während der Fahrt nicht vor den Kopf kriegst. Die kleineren Segel, an den beiden Vormasten, die nur oben an Rundhölzern aufgehängt sind, nennt man Rahsegel. Alles zusammen, also Mast, Holme und Segel, nennt man die Takelage."

Jan war kaum zu stoppen gewesen. Es sah fast aus, als freue er sich auf die Fahrt. Johanna war wider Willen beeindruckt gewesen.

„Woher weißt du das alles?", hatte sie wissen wollen.

„Wenn man den Matrosen zuhört, kann man einiges lernen. Zum Beispiel, warum die Seekatze so flach auf dem Wasser liegt."

Johanna konnte nicht beurteilen, ob das wirklich der Fall war, deshalb konnte sie erst recht nicht wissen, was der Grund dafür war.

„Und warum tut sie das?", hatte sie gefragt.

„Das macht sie schnell und wendig", hatte Jan bereitwillig erklärt. „Die Seekatze ist außerdem sehr viel kürzer als die meisten Schiffe dieser Bauart. Das ist gut, denn es ist nicht so einfach, in den Hafen hinein- und hinauszufahren. Hier gibt es viele Klippen, die weit ins Wasser ragen. Deswegen bekommen wir am Donnerfelsen nie andere Schiffe zu sehen. Sie trauen sich nicht her. Nur der Schwarze Piet selbst und sein Steuermann kennen den sicheren Weg durch die Klippen und Untiefen. Sie können die Seekarten lesen, auf denen die Route aufgemalt ist, und haben genug Erfahrung."

Johanna wusste nun auch, woher der Name des Schwarzen kam. Er hieß nicht etwa wegen seiner Haut so. Nein, die war genauso weiß wie ihre eigene. Aber alles andere an ihm war schwarz. Seine Kleidung war schwarz – vom tadellosen Dreispitz bis hinunter zu den glänzenden Stiefeln. Auch sein langer

Zopf und sein dichter Bart waren so schwarz wie Schuhcreme. Er war noch jung, groß und sah sehr stark aus, wie ein Athlet im Fernsehen. Das Mädchen hätte ihn hübsch gefunden mit seiner geraden Nase, den vollen Lippen und den schmalen Augenbrauen, wenn da nicht dieser stechende, grausame Blick gewesen wäre! Seine dunklen Augen sahen aus wie ein Nachthimmel ohne Sterne. Kein Licht schien in ihnen. Wahrscheinlich war ein Mensch, der solche Augen hatte, auch von innen schwarz ...

Steuermann Klaas dagegen wirkte beinahe freundlich. Der kleine blonde Mann war am schönsten von allen gekleidet. Auch er trug einen Hut mit drei Spitzen wie der Kapitän. Seine prächtige rote Jacke schien er nie auszuziehen. Die goldenen Knöpfe blinkten mit den Schnallen seiner Schuhe um die Wette, wenn sich die Sonne darin spiegelte. Graue Wollstrümpfe reichten bis an die Kniehose. Sein Halstuch war faltenlos sauber, und er saß aufrecht vor einem Rumfass, während er das Beladen des Schiffes überwachte. Ganz offensichtlich konnte er lesen und schreiben, denn er notierte ständig etwas auf Papier. Dabei kratzte er sich öfter in seinem kurzen, ordentlich gestutzten Bart. Ein weiterer Mann war Johanna aufgefallen, den sie lustig fand, obwohl er eine Augenklappe über dem linken Auge trug.

„Ach das, das ist Smutje Hein“, hatte Jan gesagt. „Sein Auge ist nicht blind von der Sonne wie bei anderen Seeleuten. Er hat es tatsächlich in einem Kampf verloren, heißt es.“

Ein verlorenes Auge fand Johanna gruselig, aber immerhin wusste sie jetzt, dass der Koch auf einem Schiff Smutje genannt wurde.

Hein hatte immer eine weite Hose mit Hosenträgern an. Dazu trug er eine Wollmütze und ein gestreiftes Hemd. Er lief barfuß wie die meisten anderen Matrosen auch. Deswegen fielen seine

riesigen Füße besonders auf. Wäre nicht alles so traurig gewesen, hätte Johanna lachen müssen, weil er sie mit seinen tollpatschigen Schritten und knallroten Locken an einen Clown im Zirkus erinnerte. Als sie daran dachte, seufzte sie.

Seit das Schiff ausgelaufen war, herrschte wieder Ruhe im Dorf. Aber es war keine friedliche Ruhe, sondern eher Friedhofsstille. Überall begegneten Johanna finstere Gesichter und traurige Augen. Die Menschen sahen aus, als hätte jemand ihr Lächeln wegradiert wie Bleistiftstriche. Kein Wunder, dass die Stimmung gedrückt war! Alle Dorfbewohner hatten mehr abgeben müssen als sonst, weil der Schwarze diesmal noch weiter weg segeln wollte. Der Appetit der Seekatze schien unersättlich zu sein. Bei dieser Gier wäre der Name Seetiger viel passender gewesen. Was der Tiger übrig ließ, reichte kaum zum Überleben. Besonders die wenigen Familien mit Kindern sorgten sich. Die neue Saat war längst ausgesät, doch das Wetter blieb unberechenbar. Was, wenn einer der gefürchteten Stürme den jungen Pflänzchen schadete?

„Na, ihr beiden, was macht ihr denn für Gesichter?"

Mit diesen Worten trat Anna ins Haus. Auch sie war in den letzten Tagen sehr schweigsam geworden. Aber nun bemühte sie sich zu lächeln, obwohl sie müde von der Gartenarbeit war.

„Mama!", rief Emily glücklich. „Endlich!"

Sie hustete und schniefte schon wieder. Deswegen war sie zu Hause geblieben.

„Hallo, mein Schatz! Hm, was riecht denn hier so gut?!", fragte Anna und blinzelte Emily zu.

Natürlich wusste sie genau, woher der Duft kam. Im Herd brannte Feuer, und ein paar kleine Fische brutzelten in der Pfanne. Auch Johanna lächelte jetzt. Ihr erster Fang! Jan hatte ihr vor seiner Abreise noch gezeigt, wie eine Angel funktioniert. Feuer machen konnte sie mittlerweile auch, und Emily wusste sehr gut, wie man Fische ausnimmt und zubereitet.

Nachdem sie sich gewaschen hatte, nahm Anna Platz, und sie aßen gemeinsam zu Abend. Seltsam, der Fisch schmeckte sogar! Wahrscheinlich waren das besondere Fische, die man hier fing.

„Ach, Johanna, du bist mir eine große Hilfe", lobte Anna und ließ sich den Fisch schmecken. „Ich weiß gar nicht, wie ich ohne dich die Bienen hätte umsetzen sollen."

Das Mädchen strahlte.

„Oh ja, das waren wirklich anstrengende Tage", bestätigte Johanna und lachte, als wäre alles ein Vergnügen gewesen.

Dreimal waren sie mitten in der Nacht zu den geheimen Gärten aufgestiegen und kilometerlang bis in die Heide marschiert. Hier wuchs Erika, so weit das Auge reichte. Selbst im Mondlicht sah man den endlosen Teppich aus Heidekraut, der den fleißigen Insekten mehr als genug Nahrung bot. Deshalb zogen Annas Bienen hierhin um. Das Verstellen konnte nur nachts stattfinden, wenn die Arbeiterinnen im Stock und träge waren. Man musste gut aufpassen, dass der Leiterwagen mit der süßen Last unterwegs nicht zu sehr durchgeschüttelt wurde. Ein hartes Stück Arbeit!

„Ich war so froh, dass du mir danach einen Tag Pause gegönnt hast." Johanna grinste. „War schon mega anstrengend!"

Anna zog die Augenbrauen hoch.

„Mega?!"

„Äh ... ja ... außergewöhnlich, meine ich."

Nach dem Abwasch ging Anna zu Bett und schlief im Nu ein. Die Mädchen dagegen waren noch wach. Johanna grübelte wie

jeden Abend über ihr verschwundenes Lesebuch nach. Was wäre, wenn sie es brauchte, um zurück nach Hause zu kommen? Dieser Gedanke war beunruhigend und auf einmal da gewesen. Dann ergab es auch Sinn, dass Jan vor dem Abschied gesagt hatte, sie müsse auf seine Rückkehr warten. Er könne sie jetzt noch nicht zurückbringen. Na klar! Owe hatte das Buch. Das Buch war das Tor! Die Tür zurück in ihre eigene Welt - wie auch immer ...

Während Johannas Gehirn zum üblichen Ergebnis gelangt war, ging Emily ihrer Lieblingsbeschäftigung nach: Sie schnitzte, wie immer, wenn sie zu krank für anstrengendere Arbeiten war. Das weiche Lindenholz ließ sich gut formen. Deshalb stellten die Männer Holzpantoffeln daraus her. Jans Schwester aber gelangen kleine Kunstwerke. Johanna sah ihr gerne dabei zu. Sie wusste, dass sie niemals solche Tiere hinbekommen hätte. Aber auch ein Löffel war hübsch, wenn er in Emilys Händen entstand. Johanna mochte die helle Farbe und den matten Glanz des Lindenholzes. Manche Stücke hatten sogar einen rötlichen oder bräunlichen Einschlag. Jedes sah anders aus.

Die feinen Holzspäne, die beim Schnitzen anfielen, sammelte die Kleine in ihrer Schürze. Damit konnte man das Feuer im Herd besonders gut anzünden. Wenn sie nur Lindenholz nachlegten, brannte es zwar nicht lange, aber die Asche half beim Zähneputzen. Johanna schmunzelte bei dem Gedanken an schwarze Zahnpasta. Sie funktionierte ganz ohne Schaum und Pfefferminzaroma. Doch dann stutzte sie. Das war doch keines der üblichen Tiere, was Emily da schnitzte, sondern ein Buchstabe! Ganz deutlich erkannte Johanna ein großes A!

„Was schnitzt du denn da?", fragte sie überrascht und alarmiert zugleich.

„Ich weiß nicht“, antwortete die Kleine vorsichtig. „Das hab ich irgendwo gesehen.“

„Und wo?“, wollte Johanna wissen.

„Weiß nicht?“

Das klang eindeutig schuldbewusst. Johanna hatte zwar Probleme mit dem Lesen, aber eins und eins zusammenzählen, das konnte sie.

„Du hast unser Buch weggenommen!“, flüsterte sie empört.

Emily fing leise an zu weinen, und Husten schüttelte ihren mageren Körper.

„Bitte nicht böse sein!“, heulte sie und zog das Buch unter ihrer Decke hervor. „Ich hab es genommen, kurz bevor Holzbein kam. Ich wollte doch auch lesen lernen. Aber ich kann es nicht.“

Johanna klopfte der Kleinen automatisch leicht auf den Rücken, wie Anna es oft tat, wenn ihre Tochter so husten musste. Anscheinend hatte Emily keinen so festen Schlaf, wie Jan gedacht hatte. Sie musste sie belauscht haben. Johannas Ohren hatten sie nicht getäuscht. Sie grinste versöhnlich. Sie konnte Jans Schwester nicht lange böse sein. Dazu war sie viel zu erleichtert, das Buch wieder in den Händen zu halten. Nun war doch nicht alles verloren! Beruhigend sah Johanna der kleinen Diebin in das nasse Gesicht.

„Hey, nicht weinen!“, tröstete sie und versuchte, Emilys Tränen wegzuwischen. Aber es kamen immer mehr. „Diesmal war es gut, dass du das Buch einfach genommen hast. Dadurch hast du es vor Owe Holzbein gerettet.“ *Und damit wahrscheinlich auch meine Heimreise gesichert*, dachte sie. „Demnächst fragst du aber, wenn du etwas haben willst, ist das klar?“

Emily nickte, und Johanna nahm sie in die Arme.

„Du darfst auch lesen lernen“, flüsterte sie ihr ins Ohr. „Ich bringe es dir bei. Versprochen!“

„Danke“, sagte Emily hustend.

I wie Imkern

Anna blickte mit besorgter Miene aufs Meer hinaus.

„Das sieht gar nicht gut aus."

„Was ist denn, Mama?"

Auch Emilys Stirn war voller Falten, als sie ihrer Mutter den Kopf zuwandte.

„Da zieht ein gewaltiges Gewitter auf", antwortete Johanna, obwohl sie gar nicht gefragt war.

Der Himmel über der See war mitternachtsschwarz. Kein Stern war zu sehen. Der Wind heulte wie ein wildes Tier. Er türmte die Wellen zu grünen Bergen auf und krönte ihre Spitzen mit schmutzigem Schaum. Dann peitschte er sie erbarmungslos vorwärts, bis sie am Strand in Trümmer brachen. Das Meer spuckte seine Schaumkronen schon an die ersten Häuser des Dorfes.

„Das gefällt mir gar nicht", sagte Anna.

Sie schloss die Tür und öffnete die Ofenklappe, um noch mehr Holz nachzulegen. Es war kalt geworden, selbst im Häuschen.

„Wir müssen raus, Johanna, Holzlatten vor das Fenster nageln, sonst zerbricht der Wind das Glas oder der ..." Anna stockte und sprach ihre Befürchtung nicht aus.

„Oh, nein! Es wird doch nicht hageln, Mama?!" Emily wusste sofort, was Anna gedacht hatte, und erwartete keine Antwort. „Ich hole Rosa ins Haus", entschied sie und öffnete die Tür.

Draußen flog bereits der Sand durch die Luft. Die Körnchen stachen auf der Haut wie feine Nadelstiche. Doch darauf konnte niemand Rücksicht nehmen. Schon bald hallten auch von den Nachbarn Hammerschläge herüber. In jedem Haus wurde es noch dunkler. Aber anders als den Menschen schien es dem Huhn auch fast ohne Licht in der Stube gut zu gefallen. Es stolzierte herum, gackerte vor sich hin und schaute in jede Ecke.

Als alle Glasscheiben im Dorf gesichert waren, wurde es unheimlich still. Himmel und Meer hielten kurz den Atem an, so wie wir es tun, bevor wir alle Kerzen auf unserem Geburtstagskuchen auspusten. Dann brach das Unwetter mit voller Gewalt los. Blitze rissen den Himmel in Fetzen wie brüchigen Stoff. Das konnten die drei zwar nicht mehr sehen, sie errieten es aber an dem gespenstischen Licht, das durch die Holzritzen ins Haus fiel. Gleichzeitig krachten die Donner und wurden in tausendfachem Echo vom Felsen zurückgeworfen. Sie hallten in Johannas Brustkorb nach, ließen die Wände wackeln und den Boden beben. Die Fensterscheiben zitterten, als hätten sie Angst zu zerbrechen. Johanna bekam am ganzen Körper Gänsehaut.

Der Donnerfelsen trug seinen Namen wahrlich zu Recht! Nie wieder würde sie fragen müssen, warum er so hieß. Regen prasselte auf das Dach, als hätte der Himmel sein ganzes Wasser für diesen Moment aufgespart. Es tropfte ins Haus. Die aufgestellten Eimer und Schüsseln füllten sich aber zum Glück nur langsam. Jans Mutter hatte Emily auf den Schoß genommen und schwieg. Ihr Atem ging ruhig und regelmäßig. Johanna dagegen atmete schnell durch den Mund und hatte die Augen weit aufgerissen. Als sie es bemerkte, schloss sie ihre trockenen Lippen und versuchte, sich zu beruhigen. Das dumpfe Prasseln wurde jetzt leiser, und Johanna wollte schon aufatmen, da folgte ein helles Klick-klick. Sie konnte das Geräusch nicht sofort einordnen, doch Anna zog plötzlich scharf die Luft ein. Jetzt sah man ihr die Verzweiflung deutlich an.

„Da ist der Hagel, Johanna", stellte sie flüsternd fest, als wolle sie den gefrorenen Regen nicht verärgern. „Er wird die Pflanzen erschlagen."

Erschlagen, wie grausam das klang! Johanna lauschte ohnmächtig. Draußen spielte ein wütender Wind Ping-Pong mit den Hagelkörnern. Doch es war kein harmloses Spiel. Hagelkörner sind nicht so hohl und so leicht wie ein Tischtennisball. Sie sind durch und durch aus Eis und ähneln eher einer Pistolenkugel als einer Schneeflocke. An diesem Tag kamen sie millionenfach aus den Wolken geschossen. Ja, der Himmel hatte genug Munition. Er feuerte aus allen Rohren, als wollte er nie wieder aufhören.

„Keine Angst", versuchte Anna die Mädchen trotzdem zu beruhigen, „wir sind hier in Sicherheit! Das ist nicht der erste Sturm, den wir erleben."

Aber Johanna sorgte sich gar nicht um sich selbst, sondern um das Gemüse und die Bienen. Hoffentlich waren sie alle im Stock!

Als es endlich, endlich still wurde, hatte niemand mehr Lust zum Reden. Sie gingen früh zu Bett, lagen aber noch lange wach und starrten Löcher in die Dunkelheit. Vielleicht war es einfach zu dunkel zum Schlafen.

Am frühen Morgen kehrte die Seekatze zurück. Mit ein paar zerfetzten Segeln, aber in einem Stück. Die Sonne war noch gar nicht lange aufgegangen, als Jan ins Haus gehumpelt kam. Den prall gefüllten Rucksack ließ er vorsichtig gleich neben der Tür auf den Boden gleiten. Ab und zu bewegte sich etwas unter dem

Stoff. Anna und Emily waren schon auf, und Jans Mutter biss sich in die Faust, um einen lauten Schrei zu unterdrücken.

„Jan!"

Emily stürzte auf ihren Bruder zu. Beide fielen ihm um den Hals und drückten ihn mit aller Kraft. Der Junge verzog das Gesicht.

„Aua. Vorsicht!", bat er und wehrte sie sanft ab.

Anna ließ sofort los und sah ihm forschend ins Gesicht.

„Bist du verletzt?"

„Nicht schlimm, Mama, aber es tut weh, wenn ihr mich so drückt."

Besorgt ließ Anna dem Heimkehrer keine Ruhe, bis er sein vom Salzwasser steifes Hemd ausgezogen hatte. Der Anblick verschlug ihr kurz die Sprache. Jans Rücken war mit grünen und gelben Flecken übersät, einige davon waren verkrustet.

„Wie ist das passiert?", flüsterte sie.

„Ein Unfall", sagte Jan mit Blick auf Emily.

Anna nickte wortlos. Sie verstand und fragte nicht weiter nach; aber ihre Lippen wurden schmal, und sie knirschte mit den Zähnen, als würde sie den Schwarzen Piet höchstpersönlich dazwischen zermalmen.

„Und dein Fuß?", fragte seine Schwester.

„Ach, da bin ich auf dem nassen Deck ausgerutscht und umgeknickt."

Diesmal war es tatsächlich die Wahrheit. Auf einem feuchten Boden kann man leicht ausrutschen.

„Gut, dass du wieder zurück bist."

Anna strich vorsichtig etwas Arnikahonig auf die geschwollenen Stellen. Als Jan sich ein frisches Hemd übergestülpt hatte, zauste sie kurz sein Haar. Jetzt blickte sie mit glänzenden

Augen auf ihren Sohn. Trotz der schlechten Behandlung sah der Junge gut und gesund aus. Er hatte zugenommen und war kräftiger geworden. Emily befühlte seinen rechten Arm.

„Boah, bist du stark!"

Ihr Bruder lachte.

„Von der Arbeit auf dem Schiff bekommt man Muskeln! Sieh mal, was ich mitgebracht habe."

Er hob den Rucksack auf den Tisch und öffnete ihn langsam. Ganz oben hockten zwei kleine Küken. Sie hatten die winzigen Schnäbel weit aufgesperrt. Die Herzen unter dem gelben Flaumkleid pochten zart und rasend schnell.

„Oh, sind die süß!", jauchzte Emily.

Vorsichtig nahm sie eins der Küken in ihre Hand und sprach beruhigend auf es ein. Auch Johanna war mittlerweile aufgewacht. Als sie Jan sah, fiel ihr ein riesiger Stein vom Herzen. Er war tatsächlich zurückgekommen! Noch hatte sie sich aber nicht getraut, auf den Jungen zuzugehen und ihn zu umarmen. Nur zögernd kam sie näher.

„Hallo, Johanna!", grüßte Jan.

„Hallo, Jan!"

Mehr brachte sie nicht heraus. Sie wurde rot.

„Hier, für dich! Es ist eine Henne."

Mit diesen Worten reichte der Junge Johanna die letzte gelbe Kugel.

„Oh, danke!", sagte sie und beugte sich sofort über ihr Geschenk. Sie wollte dem Tier nicht wehtun und streichelte es nur vorsichtig über den weichen Flaum. Dabei sah sie sich das Küken sehr genau von allen Seiten an, froh darüber, Jans Blick ausweichen zu können. Langsam kehrte die normale Hautfarbe in ihr Gesicht zurück.

„Und hier Mama, das ist für dich: Salz, Saatgut und außerdem Zwiebeln."

Jan räusperte sich.

„Wie schön! Was für ein Glück! Gestern Abend hat es so furchtbar gehagelt, dass ich fürchtete, wir müssten den ganzen Winter hungern. Nun können wir noch einmal neu aussäen", sagte Anna.

„Ja, aber wollen wir vorher nicht doch etwas mehr Licht ins Haus lassen?", sagte Jan schmunzelnd und wandte sich dem zugenagelten Fenster zu.

„Du hast recht!"

Seine Mutter lächelte ebenfalls und ging vor die Tür, um die Latten vor dem Fenster zu entfernen. Jan half ihr dabei, die Nägel aus dem Holz zu ziehen, und immer mehr Sonnenstrahlen drangen ins Haus.

„Ich werde später nachsehen, wie groß der Schaden ist. Jetzt wird erst mal gefeiert", sagte Anna, als sie fertig waren. Noch einmal drückte sie ihren Sohn, aber nur ganz sanft.

Während des Frühstücks berichtete Emilys Bruder ausgiebig von seinem Leben auf der Seekatze. Fast jeder Tag schien aufregend und spannend gewesen zu sein, aber manchmal hatte Johanna den Eindruck, dass Jan nicht alles erzählte. Warum, ahnte sie nicht. Es tat gut, seine Stimme zu hören; sie klang so vertraut. Und es tat mindestens genauso gut, Anna und Emily so glücklich zu sehen.

Stolz holte die Kleine ihre Buchstabensammlung hervor, um sie ihrem Bruder zu zeigen. Sie hatte schon 13 verschiedene geschnitzt. Jan riss die Augen auf und sah Johanna fragend an. Die rutschte unruhig auf dem Stuhl hin und her. Sie konnte es kaum erwarten, ihm das wiedergefundene Lesebuch zu zeigen.

„Das habe ich Emily beigebracht! Ich glaube, bei uns zu Hause in der Stadt trug man solchen Schmuck“, beeilte sie sich zu erklären.

„Ja, es sind ungewöhnliche Formen, nicht, Jan?“, fragte Anna. „Mir gefallen sie sehr gut.“

Ihr Sohn nickte nur stumm. Er platzte fast vor Neugier. Doch seine Fragen mussten bis zur Nacht warten.

Schon nach zwei Tagen begann der Schwarze Piet damit, die Seekatze auf eine weitere Fahrt vorzubereiten. Jan hatte keine Ahnung, warum, aber er sollte diesmal zu Hause bleiben. Das hatte die kleine Familie kaum zu hoffen gewagt. Die gute Nachricht beflügelte alle, und schwungvoll begannen sie mit dem Wiederaufbau. Die Löcher am Dach konnten schnell ausgebessert werden. Doch in den Gärten hatte der Hagel verheerende Schäden angerichtet, die nicht so schnell wiedergutzumachen waren.

Jan und Johanna mussten viele Fische angeln, um den Speisezettel wenigstens ein bisschen aufzubessern, denn es gab kein Gemüse mehr. Die neue Saat brauchte noch Zeit. Das Beerenobst war zerschlagen. Die Sommerapfelbäume setzten eben erst Früchte an. Zum Glück war ihre Blüte schon vorbei gewesen, als der Hagel kam. Nur die Bienenzäune auf der Heide schienen wie durch ein Wunder unversehrt geblieben zu sein. Gerade an dieser Stelle hatte es nicht gehagelt. So konnte Anna wie geplant den ersten Honig ernten. Mit ihrer Spindelpresse drückte sie die Waben aus. Glänzend und süß lief das flüssige Gold in die glasierten Tontöpfe. Nach und nach füllten sich die Regale.

Auch Johanna musste helfen und beobachtete genau die geübten Handgriffe der Imkerin. So lernte sie nicht nur viel über die Bienen, sondern auch über die Imkerei. Längst wusste sie,

dass die männlichen Bienen, die Drohnen, gar keinen Stachel besaßen, und konnte sie von den Arbeitsbienen unterscheiden. Die Drohnen hatten riesige Augen und waren größer als die Arbeiterinnen. Auch die noch größeren Königinnen hatte sie schon gesehen. Aus Johannas Respekt war Bewunderung geworden. Wie fürsorglich und fleißig diese Insekten waren! Genau wie Anna, ihre menschliche Meisterin!

Zum Schluss schmolz Anna das Wachs der Waben ein, ließ es erkalten und reinigte es. Dann erwärmte sie es erneut und goss es zu dünnen Platten aus. Sobald sie kalt genug zum Anfassen waren, wickelten die Kinder sie um einen geflochtenen Docht. Die neuen Kerzen dufteten so verführerisch, dass man am liebsten hineingebissen hätte, und sie waren sehr wertvoll.

Johanna vermisste die Schule überhaupt nicht und lernte doch jeden Tag dazu. Das Leben hätte so schön sein können, wäre da nicht ihre Sehnsucht nach ihrer Mutter gewesen und natürlich die Seekatze mit der furchteinflößenden Besatzung. Das Schiff lag immer noch im Hafen, obwohl es auslaufbereit war. Die Dorfbewohner bekamen immer mehr Angst vor den Übergriffen der gelangweilten Männer. An einem guten Tag grölten sie nur betrunken durch den Ort. An schlechten Tagen bestanden die Matrosen darauf, bewirtet zu werden, oder sie nahmen sich einfach, was ihnen nicht gehörte. Wagte es jemand, sich den Dieben entgegenzustellen, wie der Schmied, so erntete er nur Gelächter.

„Beschwer dich doch beim Schwarzen!“, hieß es, und dem Bestohlenen blieb nichts anderes übrig, als wütend, aber hilflos die Faust in der leeren Tasche zu ballen. Manchmal kam es sogar zu Prügeleien, bei denen sich Owe Holzbein und seine Kumpane besonders hervortaten.

„Ich verstehe das nicht. Der Schwarze Piet duldet an Land Dinge, die auf See niemals ungestraft geblieben wären", wunderte sich Jan.

„Es gefällt ihm, dass die Donnerfelsler in ständiger Angst leben", meinte Johanna. „Du musst dich auch vor ihm selbst in Acht nehmen. Ich glaube, er schleicht durch die Gassen und beobachtet alles und jeden."

„Ich weiß. Plötzlich steht er hinter dir, ohne dass du weißt, wie er da hingekommen ist."

„Wir sollten aufpassen, was wir reden, und uns immer erst umsehen, wenn wir durch das Dorf gehen."

„Da hast du recht", stimmte Jan Johanna zu.

Trotz allem genossen die Kinder die Abende am Strand. Sie badeten, schrieben Buchstaben in den Sand oder suchten sie in den Wolken. Wenn Emily dabei war, legten sie Wörter aus Holz. Jans Schwester hatte fast das ganze ABC fertig und trug ihre Buchstaben immer bei sich. Sie waren in ein großes Tuch gebunden, das Emily beim Laufen über die Schulter warf. Die Knoten machte sie immer sehr sorgfältig, seit Jan einmal mit ihr hatte schimpfen müssen, weil ein Buchstabe unterwegs herausgefallen war.

Leider hatte die Kleine nun immer öfter mit Müdigkeit und Erschöpfung zu kämpfen. Manchmal war selbst das Schnitzen schon zu anstrengend. Jan und Johanna waren beinahe am Ende des Buches angekommen, und der Junge konnte gut lesen. Deswegen nahm Johanna sich vor, ihn bald auf ihre Rückkehr nach Hause anzusprechen. Auch wenn sie jetzt schon wusste, dass sie alle drei furchtbar vermissen würde. Es tat so gut, Geschwister zu haben. Auch wenn sie nur geliehen waren. Ein kleines bisschen würde sie noch bleiben.

J wie Jan

„Warum muss ich das überhaupt lernen?“, protestierte Jan. „Hauptsache ist doch, ich bleibe oben, oder?“

„Es ist weniger anstrengend, wenn man es richtig macht“, erklärte Johanna. Sie hatte nicht vor nachzugeben. „Es sieht ja aus, als ob du das Wasser umrührst. Du musst dich einfach darauflegen. Schau! So, wie wenn du auf dem Stroh liegst!“

Johanna schwamm auf dem Rücken und streckte alle viere von sich. Sie bewegte sich kaum.

„Du siehst aus wie ein großes X“, neckte Jan sie.

„Nun mach schon!“, drängelte seine Lehrerin.

„Ist ja gut!“

Jan probierte es, ging aber sofort unter wie ein Stein. Prustend tauchte er wieder auf.

„Oh, und bei dir sah es so leicht aus!“, beschwerte er sich.

„Du darfst dich nicht so steif wie ein Stock machen! Bleib locker, eher wie ... warmer Haferbrei“, sagte Johanna lachend. Ein besserer Vergleich fiel ihr nicht ein.

„Das geht nicht. Meine Beine sinken trotzdem immer runter“, jammerte der Junge, doch Johanna blieb hart.

„Übung macht den Meister! Guck in die Wolken, nicht auf deine Füße oder deine Beine.“

Und tatsächlich! Nach einer Weile hatte Jan den Bogen raus. Er schwamm oben wie ein Korken und ließ sich von den sanften

Wellen treiben. Sein Atem ging ruhig und regelmäßig. Zufrieden blickten seine Augen in den Himmel.

„Ich kann es!“, freute er sich. „Unglaublich, aber das Wasser trägt mich! Wie schön.“

„Ich glaube, ich könnte sogar auf dem Wasser schlafen“, sagte Johanna, die neben ihm schaukelte. Auch sie genoss das Gefühl der Schwerelosigkeit. Dann drehte sie sich auf den Bauch. „Nun kommt die zweite Übung“, verkündete sie, während sie auf der Stelle schwamm. „Leg dich auf den Bauch und bewege die Beine wie ein Frosch.“

„Warum wie ein Frosch?“, wollte Jan wissen.

Er schwamm nicht mehr, sondern stand, um nach Johannas Beinen zu sehen. Ihre Füße waren nach außen gespreizt, wenn sie die Fersen zum Po zog. Die Bewegung sah wirklich ein wenig nach einem hüpfenden Frosch aus. Dann stellte sich auch Johanna hin. Das Wasser ging ihr bis zur Brust.

„Frag nicht, mach einfach!“, forderte sie ihren Schüler auf. Sie griff nach seinen Armen und hielt ihn fest, damit er den Bauch im und den Kopf über Wasser halten konnte.

„Los, sei ein Frosch!“

Jan strengte sich wirklich an, aber die Bewegung war für seine Beine zu ungewohnt. Er bekam die Füße einfach nicht in die richtige Position.

„Muss das sein? Das ist anstrengend!“

„Stimmt, aber nur am Anfang. Komm schon, Zehen nach außen! Ja, genauso!“

Johanna blieb streng und ließ ihn weiter üben, doch Jan brauchte mehrere Nachmittage, um das Brustschwimmen zu erlernen. Schließlich war er schon zwölf, da ist das nicht mehr so einfach. Wenn Emily nicht zu müde war, kam sie mit und

applaudierte den beiden Wasserratten. Um zu klatschen unterbrach sie sogar ihr Spiel mit den Holzbuchstaben. Sie sah glücklich aus, wenn sie nur dabei sein konnte.

„Du hattest recht. Jetzt ist es ist wirklich weniger anstrengend", gab Jan bei ihrem vorerst letzten Badeausflug zu. „Außerdem kann ich nun besser sehen, wo ich hinschwimme."

„Das stimmt! Anfangs hat es so ausgesehen, als ob du das Wasser schlägst", bestätigte Johanna. „Kein Wunder, dass es dich nicht tragen wollte. Es will gestreichelt werden."

Jan lachte und schwamm mit kräftigen Zügen in Richtung Strand.

„Ja, vielleicht", stimmte er zu. „Jedenfalls kommt es mir lange nicht mehr so feindselig vor. Ich habe keine Angst, dass ich untergehen könnte. Jetzt ist das Wasser fast schon mein Freund."

Die beiden Kinder lagen am Strand nebeneinander und ließen sich von der Abendsonne trocknen. Johanna dachte darüber nach, was Jan vor ein paar Tagen gesagt hatte. War es nicht mit den Buchstaben genau das Gleiche wie mit dem Schwimmen? Sie hatte das Lesen gehasst, weil es so anstrengend war. Die Schriftzeichen waren ihr wie Feinde vorgekommen, die sie mühsam einzeln besiegen musste. Sie hatte sich abgestrampelt wie Jan im Wasser, um irgendwie oben zu bleiben. Und hier hatte es nach einer Weile sogar Spaß gemacht, anderen beim Lesenlernen zu helfen oder mit ihnen das Buchstabenspiel zu spielen. Ohne sie und ihr Buch könnte Jan nicht lesen. Und auch Emily hätte nicht so große Freude daran. Konnte es sein, dass das Lesen nun selbst für sie langsam etwas weniger mühsam war, oder irrte sie sich? War es auch für sie möglich, mit den Buchstaben Frieden zu schließen? *Vielleicht kann ich es durch die Spiele ein klein wenig besser. Zwar längst nicht so gut wie Jan, aber es macht mir nichts aus, dass er mich überholt hat. Umso schneller kann ich wieder nach Hause,* dachte sie.

„Ich glaube, du weißt nicht, wie viel Macht das Lesen-und-Schreiben-Können verleiht“, unterbrach Jan ihre Gedanken.

Sie stützte sich überrascht auf die Ellbogen.

„Das hast du schon mal gesagt“, erinnerte sie sich laut und sah zu ihm.

Aber der Junge blickte starr auf den Horizont. Also starrte Johanna mit und wartete ab. Heute waren sie allein am Strand. Irgendwann begann Jan leise zu erzählen. Er sprach deutlich und zügig, ohne Pause.

„Auf dem Schiff bedeutet es eine ungeheure Macht. Nur der Steuermann und der Kapitän können die Seekarten lesen und kennen den Weg durch die Klippen. Nur sie können uns sicher zu bestimmten Inseln bringen, um Wasser und Proviant aufzufüllen. Wir anderen sind abhängig von ihnen. Wahrscheinlich würden wir allein weder hinaus aufs Meer noch zurück zum Donnerfelsen finden.“

„Oha!“, warf Johanna ein.

„Auf der Seekatze war es ... so seltsam.“

„Was meinst du damit?“

„Es war schrecklich, aber auch schön. Wie das Meer selbst.“

Johanna wusste immer noch nicht, worauf er hinauswollte. Aber Jan sprach schon weiter.

„Zu essen gab es immer genug und auch, wenn die Sachen gestohlen waren ... Smutje Hein kocht gut. Alle essen, bis sie satt sind, und nie ist jemand betrunken. Das würde hart bestraft. Deswegen sind die Männer auch viel friedlicher als hier im Dorf.“

Johanna dachte an die blauen Flecken auf Jans Rücken.

„Kaum zu glauben.“

„Aber das Schönste ist das Meer. Es ist so groß, dass es kein Ende nimmt, und so furchtbar schön. So farbig und grau."

Johanna wollte fragen, wie etwas furchtbar und schön zugleich sein konnte oder farbig und grau, aber Jan schien in Gedanken weit weg.

„Im Sonnenlicht glitzert das Wasser wie Silber. In den ruhigen Nächten dagegen leuchtet es, als hätte der Mond Milch hineingegossen. Wenn es leise gluckst und vor sich hin plätschert, wird alles in dir still. Es ist egal, wie laut es am Tag war. Morgens und abends, wenn sie auf- oder untergeht, taucht die Sonne das Meer in gleißendes Rot. Es leuchtet so warm, dass man die Hände ausstrecken und sie an diesem Feuer wärmen möchte." Jan lächelte in der Erinnerung. „Aber die See kann auch aufbrausen und zornig werden. Der Wind bläst ihre Wellen auf, bis sie vor Kraft nur so strotzen. Immer höher türmen sie sich. Schließlich kommen sie wie rollende Gebirge auf dich zu, bereit, das Schiff unter sich zu begraben oder zwischen sich zu zermalmen. Die Seekatze klettert stöhnend auf die grauen Wasserberge, um sich gleich darauf kreischend in tiefschwarze Täler hinabzustürzen. Sie knirscht und ächzt, als wolle sie gleich auseinanderbrechen. Dein Magen dreht sich um, und anfangs dachte ich jedes Mal, wir müssen sterben." Johanna lauschte gebannt. „Aber das ist noch nicht das Schlimmste."

Jan machte eine Pause. Sie war so lang, dass Johanna schon dachte, er sei eingeschlafen. Doch dann hörte sie seine Stimme wieder.

„Das Schlimmste sind die Menschen", sagte Jan, „sie sind so böse. Du glaubst gar nicht, wie böse."

Seine Stimme klang fremd, und er sprach sehr leise, als könnte er dadurch dem Bösen die Macht nehmen. Johanna bewegte sich nicht. Sie hatte Angst, Jan würde aufhören zu erzählen. Aber die fremde Stimme redete weiter.

„Kaum hatten wir den Hafen verlassen und das Schiff durch die Klippen gesteuert, zog Owe Holzbein die Flagge der Seekatze vom Donnerfelsen ein. Er hisste eine neue." Jan ballte die Hände zu Fäusten, aber er merkte es nicht. „Sie war blutrot, und darauf war ein weißer Schädel vor gekreuzten Knochen gemalt. Und mir wurde klar, dass ich nicht auf einem Handelsschiff fuhr. Der Schwarze handelt auf See nicht. Warum sollte er auch? Er nimmt sich an Land ja auch, was ihm gefällt. Nein, wir haben Handelsschiffe überfallen!" Er stockte und atmete schneller. „Die Kaufleute waren meist unterlegen und haben sich schnell ergeben. Die Männer des Schwarzen sind einfach zu gute Kämpfer. Kein Wunder, sie haben ja genug Übung." Er lachte bitter, dann wurden seine Augen feucht. „Aber fast immer sind Menschen schwer verletzt worden ... vielleicht ... vielleicht sind sie sogar gestorben."

Jan flüsterte jetzt nur noch. Er blinzelte und suchte nach Worten.

„Ich ... ich hatte solche Angst. Auch wenn ich nur von Weitem zusah, weil ich Befehl hatte, bei Hein zu bleiben. Der Smutje weiß nicht, wie man kämpft. Außerdem kann der Schwarze es sich nicht leisten, ihn zu verlieren. Er braucht Hein, damit er die Mannschaft anschließend wieder zusammenflicken kann. Dafür taugen seine Hände. Er weiß so viel. Und ich, ich war bei den Kämpfen auch nur im Weg."

Jan drehte sich mit einem Ruck zu ihr.

„Ich bin auf einem Piratenschiff gefahren, Johanna! Weißt du, was das ist? Weißt du, was das bedeutet? Was, wenn ich genauso böse werde wie sie?"

Nun hatte der große Junge die Augen voller Tränen. Johanna konnte die Neuigkeit noch nicht richtig fassen. Was hatte sie da gehört? Die Sache mit der Seekatze war eine einzige große Lüge! Von wegen Handelsschiff! Der Schwarze war ein Pirat?! Eine Piratengeschichte, in der man selbst feststeckte, war ja noch schlimmer als eine ausgedachte in einem Buch! Da sie nicht wusste, was sie sagen sollte, schwieg sie. Zu furchtbar hörte sich die Wahrheit an. Echte Piraten! Eigentlich wusste sie gar nichts über Piraten, weil sie die Geschichte im Lesebuch nicht richtig verstanden hatte und auch nicht verstehen wollte. Außerdem, konnten Piraten in dieser Welt nicht anders sein als in ihrer? Oder war das Böse überall gleich? War es egal, in welcher Welt es sich breitmachte oder welche Hautfarbe es trug? Der Junge rollte sich auf den Bauch und vergrub den Kopf in seinen Armen.

„Ich habe nicht viel von der Beute genommen, Johanna. Nur für euch etwas zum Essen und zwei kleine Sachen für Emily“, schluchzte er.

Eins wusste Johanna jedenfalls, der Kapitän war an allem schuld, nicht Jan. Im Moment war all ihre Wut auf den Jungen, der sie hier festhielt, verflogen. Ungeschickt strich sie ihm über den Rücken. Sie wollte ihn trösten und wusste nicht, wie. Also seufzte sie und wartete ab. Das war auch das Beste, was sie tun konnte. Nach einer Weile beruhigte sich Jan. Er hob den Kopf und schüttelte den Sand aus den Haaren. Dann sah er sich sorgfältig um.

„Das ist noch nicht alles“, flüsterte er, „Ich weiß, was er vorhat. Ich weiß, was er wirklich will.“

„Wer? Der Schwarze Piet?“, fragte Johanna.

Jan nickte.

„Etwas anderes als Schiffe auszurauben?“

„Ja, es steckt noch mehr dahinter. Einmal sollte ich für ihn etwas aus der Kapitänskajüte holen. Ich ging und beeilte mich, weil der Schwarze nicht gerne wartet."

Jan rieb sich entschlossen die letzten Tränen aus den Augen. Nun, da sein Geheimnis heraus war, atmete es sich leichter.

„Mir fiel sein Schreibtisch auf. Er war voller Papiere und Schreibfedern. Auch ein Tintenfass stand da. Ich konnte nicht widerstehen und habe einen kurzen Blick darauf geworfen. Ganz oben lag ein seltsames Pergament mit einer Zeichnung, die wie eine Insel aussah. Auf der Insel stand der Name JIRSEY. Ich sehe es immer noch genau vor mir. Sie war mit Zahlen und Pfeilen markiert. Ein bisschen ähnelte es einem Ausschnitt aus einer Seekarte."

Johanna zog die Augenbrauen hoch.

„Ja, und?!"

„Ich dachte mir nichts dabei, bis ich den Satz las, der ganz oben auf dem Pergament geschrieben stand: „Mein Schatz dem, der dies versteht."

„Eine Schatzkarte!"

Johanna schlug die Hand vor den Mund, weil sie so laut gesprochen hatte.

„Eine Schatzkarte!", wiederholte sie flüsternd.

„Ich habe das Papier in die Hand genommen und es umgedreht. Auf der Rückseite standen 21 seltsame Zeichen. Ich weiß nicht, was über mich kam und warum ich es tat."

„Was denn?!"

Jetzt zappelte Johanna vor Aufregung mit den Beinen.

„Ich habe nach einem leeren Papier gegriffen, die Schatzkarte kopiert und auch die Zeichen abgeschrieben."

„Nein! Hattest du keine Angst, der Kapitän könnte dich erwischen?", hauchte sie.

„Oh, doch, natürlich. Furchtbare Angst“, sagte Jan. „Aber ich habe es trotzdem getan.“

„Und wo ist der Zettel?“

„Sicher versteckt.“ Der Junge grinste und tippte sich an den Kopf. „Ich habe außerdem auch alles auswendig gelernt.“

Noch einmal schaute er sich um, um sicher zu sein, dass niemand am Strand war. Dann begann er, die Zeichen mit dem Finger in den Sand zu malen. Es waren zwei Zeilen mit zehn und elf Buchstaben. Wenn es überhaupt Buchstaben waren. Ratlos starrte Johanna auf die seltsamen Symbole.

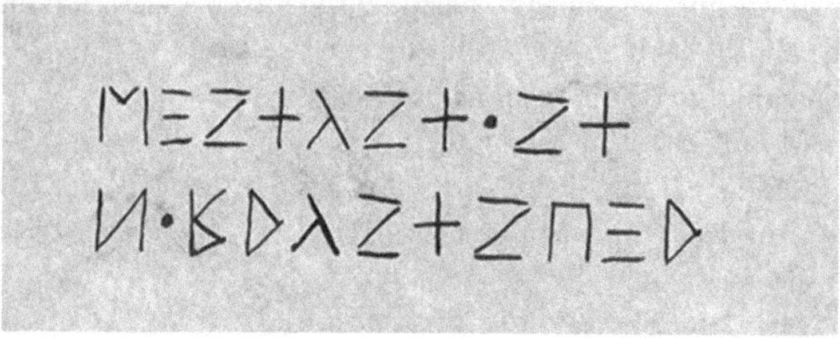

„Also, das sagt mir gar nichts. Höchstens das Y. Es ist verkehrt herum. Das sehe sogar ich.“ Sie zuckte die Schultern.

„Das erste könnte ein M und das dritte ein Z sein, die drei Striche ein E. MEZTYZT*ZT ..., aber es ergibt einfach keinen Sinn“, ärgerte sich Jan.

„Vielleicht ist es eine andere Sprache?“, vermutete Johanna. „Oder gibt es so was hier nicht?“

„Keine Ahnung, was du meinst. Jedenfalls stehen diese drei Zeichen in jeder Zeile in der gleichen Reihenfolge, hier und hier.“

Der Junge tippte jeweils auf die Mitte der Zeilen.

„Stimmt“, bestätigte das Mädchen und strich in Gedanken die fremde Sprache, „und es steht immer in der Mitte.“

Sie zeichnete die drei Symbole mehrfach nach. Schließlich wischte Jan die Schrift weg und sprang auf.

„Komm, wir müssen nach Hause!"

Er starrte noch einmal aufs Meer.

„Danke!", sagte er leise.

„Wofür?"

„Dafür, dass du mir zugehört hast. Es ist schön, dass du da bist und ... bald kannst du nach Hause."

Johannas Herz machte einen Satz. Sie nickte. Für einen Augenblick fühlten die beiden Kinder sich sicher. Sie wussten nicht, dass ein schwarz gekleideter Mann mit Bart am Strand stand. Gerade trat er hinter einem Felsen hervor. Er war zu weit weg, um ihre Worte zu hören, aber seine dunklen Augen sahen ihnen nachdenklich hinterher, und seine Finger spielten mit etwas, das aussah wie ein kleines hölzernes E.

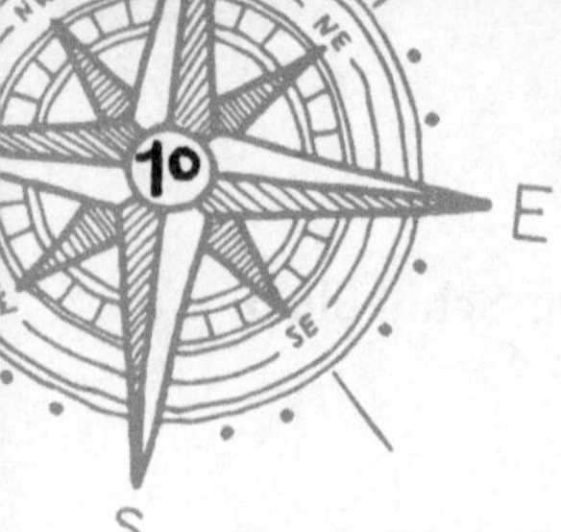

K wie Kuchen

Die neue Saat keimte schnell, und die ersten Pflänzchen wuchsen der Sonne entgegen, doch noch gab es nicht viel zu ernten. Langsam gewöhnte sich Johanna daran, dass sie nie ganz satt war. Auch die Sorgen um Emily hörten nicht auf. In den letzten Tagen war der Kleinen öfter schwindelig geworden.

„Emily, kratz dich nicht immer so!", sagte Anna gerade wieder. „Zeig mal bitte deinen Arm!"

Jans Mutter hatte einen Tontopf in der Hand und sah sich die Haut ihrer Tochter genauer an. Dann strich sie etwas Salbe auf die seltsam veränderten Stellen. Sie seufzte. Mit ihrer warmen, tiefen Stimme sang sie ein Schlaflied. Es hörte sich schön an. Als die Kleine schlief, wandte sich Anna leise an die beiden Großen.

„Morgen soll Emily einen besonderen Tag haben", bestimmte die Mutter. „Ich möchte sie etwas aufmuntern und ihren Geburtstag feiern."

„Mit Honigkuchen?", fragte Jan gespannt. Anna musste schmunzeln.

„Ja, auch dieses Jahr mit Honigkuchen", bestätigte sie. „Ich habe alle Zutaten zusammenbekommen."

Jan grinste froh und strich sich schon mal vorsorglich über den Bauch.

„Hat sie denn wirklich Geburtstag?", fragte Johanna neugierig. „Oder soll sie einfach nur so einen schönen Tag haben?"

„Doch, der Tag ihrer Geburt war tatsächlich ungefähr um diese Zeit im Jahr“, antwortete Anna.

„Ungefähr?“, wiederholte Johanna und biss sich gerade noch rechtzeitig auf die Zunge. Beinahe hätte sie nach einem Kalender gefragt. Aber dann war ihr eingefallen, dass sie so etwas hier auch noch nicht gesehen hatte.

„Ja. Die Dünenbeeren haben Früchte angesetzt, gerade wie zu der Zeit, als Emily geboren wurde. Der Garten und die Bienen brauchen morgen nicht viel Zeit. Also ist es ein guter Tag, um ein wenig zu feiern.“ Dann sah Anna Jan an. „Die beiden jungen Hennen haben angefangen, Eier zu legen.“

Jan verstand, und seine Augen begannen zu leuchten.

„Du könntest Rosa schlachten. Dann haben wir auch noch Fleisch.“

Johanna schluckte, als sie an die alte Henne dachte, dennoch rumorte ihr hungriger Magen voller Vorfreude.

Als Emily am nächsten Morgen wach wurde, zog bereits der Kuchenduft durchs Häuschen. Sie hatte lange und fest geschlafen. Der Honigkuchen war im Ofen, und Anna rupfte schon den Vogel.

„Guten Morgen, meine Langschläferin und alles Gute zum Geburtstag!“

„Oh, wie schön, wir feiern Geburtstag!“

Emily klatschte in die Hände und vergaß ihre juckende Haut. Sie konnte sich noch sehr gut an Jans Geburtstag vor ein paar Monaten erinnern. Da hatte es genauso gut gerochen. Als sie gerade die Beine aus dem Bett schwang, traten ihr Bruder und Johanna ins Häuschen. Sie waren schnell gelaufen und noch ganz außer Atem. Das Mädchen trug ein kleines Körbchen mit Walderdbeeren.

„Glückwunsch zum Geburtstag, Emily“, sagte Johanna mit geröteten Wangen und hielt Emily die roten Früchte hin. „Die haben wir für dich gesammelt.“

Jans Schwester riss die Augen auf.

„So früh seid ihr für mich aufgestanden? Danke!“

Vorsichtig steckte sich Emily eine Beere in den Mund, um sie nicht schon mit den Fingern zu zerdrücken. Sie schloss die Augen, als ihre Zunge das süße, fruchtige Aroma schmeckte.

„Hm, lecker!“, stöhnte sie und hielt sich den Bauch. „So etwas habe ich schon lange nicht mehr gegessen.“

Johanna strahlte über das ganze Gesicht. Wie gut, dass Jan die Stellen im Wald eingefallen waren! Der lange Weg hatte sich gelohnt.

„Mein Geschenk bekommst du nach dem Frühstück“, sagte Jan.

Sie ließen sich den Haferbrei schmecken, der heute eine Extraportion Honig enthielt, und Emily verzehrte dazu die restlichen Erdbeeren. Immer wieder bot sie den anderen davon an, aber niemand wollte mehr als eine, um ihre Freude zu teilen. Sie frühstückten, bis der Kuchen kalt genug war, um davon zu kosten.

„Ist das lecker!“, sagte Johanna mit vollem Mund. Das Lob musste raus, bevor sie schlucken konnte, so sehr schmeckte es ihr. Anna lächelte, und Jan holte seine Geschenke hervor. Zuerst überreichte er seiner Schwester einen kleinen Kamm, der aus Horn gesägt war.

„Oh, wie fein! Danke! Der ist wunderschön“, sagte Emily.

Als Jan auch noch eine Haarnadel aus dunklem Holz hervorzog, verstummte sie andächtig. Die Nadel sah aus wie ein schlankes, lang gezogenes U. Am Bogen war eine glänzende Schicht aus Perlmutt aufgebracht. Vorsichtig strich Emily mit den Fingern über die glatte Oberfläche. Sie drückte ihren Bruder dankbar.

„Was haltet ihr von einem kurzen Strandspaziergang?“, schlug Anna vor. „Das Sonnenlicht würde Emilys Haut bestimmt guttun.“

„Aber gerne!“

Jan stand sofort auf und hielt seiner Schwester die Tür auf.

„Kleines Fräulein, darf ich bitten?“

Emily kicherte und presste sich die Hand auf den Mund. Dann trat sie über die Schwelle und hielt ihr Gesicht in die Sonne. Mit geschlossenen Augen nahm sie einen tiefen Zug Seeluft. Prompt musste sie husten.

„Es wird wirklich nur ein kurzer Spaziergang, ja, Jan?“, vergewisserte sich Anna und klopfte Emily sanft auf den Rücken, bis sie wieder normal atmete.

„Natürlich, Mama“, versprach Jan. Dabei bemühte er sich um einen fröhlichen Gesichtsausdruck.

Und tatsächlich waren die Kinder schnell zurück. Emily hatte nur ein paar Muscheln gesammelt. Ihr Gesicht glänzte vor Freude. Aber sie war so müde, dass Anna ihr eine kurze Pause im Bett verordnen musste.

Als sie die Augen wieder aufschlug, saß ihr Bruder neben ihr. Er hatte schon eine Weile ihr Gesicht betrachtet. Jetzt sah Jan schnell weg.

„Nun, was möchtest du spielen?“, fragte er.

Emily gähnte herzhaft und setzte sich auf. Johanna nahm am Fußende des Bettes Platz.

„Ich möchte eine Geschichte hören. Erzähl mir etwas über die Seekatze! Bitte!“, bettelte Jans Schwester.

„In Ordnung.“

Jan stand auf und nahm etwas Sand aus dem Putzeimer. Er streute ihn auf dem Boden aus und malte mit dem Finger den Grundriss der Seekatze auf.

„Eine richtige Geschichte braucht doch Bilder", sagte er und zwinkerte Emily zu. „Wie du weißt, bin ich der einzige Schiffsjunge an Bord und somit für alles zuständig, was mir die Matrosen zu tun geben. Also muss ich mit allem vertraut sein und mich überall gut auskennen. Wenn es gefährlich wird, zum Beispiel bei einem Sturm, sollte nämlich jeder Handgriff sitzen."

In allen Einzelheiten beschrieb Jan das Innere der Seekatze, vom Laderaum ganz unten bis zur Kapitänskajüte oben. Das konnte er so gut, dass Johanna glaubte, sie wäre selbst auf dem Schiff. Sie stellte sich vor, wie die Männer im Mannschaftsraum in ihren Hängematten schliefen. Beide Mädchen kicherten, als Jan zugab, dass er anfangs öfter herausgefallen war.

„Alles an Bord muss ordentlich verstaut und festgebunden sein. Sonst bleibt es bei Wellengang nicht an seinem Platz", mahnte er und erklärte anschließend den Unterschied zwischen Ober- und Unterdeck.

Dann wieder erzählte er von einem Wal, den er als Erster entdeckt hatte: ein großes graublaues Tier, das eine riesige Wasserfontäne blies. Er schilderte einen Landgang und schwärmte davon, wie schön es auf dieser Insel gewesen war. Sie wunderten sich mit ihm, dass der Kapitän enttäuscht und wütend über den Ausflug gewesen war, obwohl er frisches Trinkwasser und Fleisch für seine Besatzung bekommen hatte. Jan äffte den Schwarzen Piet nach, wie er sich ärgerte und schimpfte. Als Schauspieler war er so gut, dass sich die Mädchen vor Lachen den Bauch hielten. Irgendwie nahm es ihnen etwas von der Angst.

Auch die Matrosen beschrieb Jan ausführlich. Jeder von ihnen hatte seine eigene Aufgabe. Da gab es den Schiffszimmermann Geert. Er konnte alles reparieren, was aus Holz war. Seine kräftigen Arme fanden immer etwas zu tun, aber er redete nicht gern. Sobald die Sonne auch nur kurz hinter den Wolken hervorkam, fing er an zu schwitzen und zog sein Hemd aus. Tem, ein junger Matrose, so lang und dünn wie eine Bohnenstange, stand meist oben im Mastkorb und starrte in die Ferne. Niemand konnte so weit gucken wie er. Den Mastkorb nannten die Matrosen auch das Krähennest, und Tem war ihre Krähe. Dabei krächzte er gar nicht so wie der schwarze Vogel. Im Gegenteil, er hatte eine tiefe, ruhige Stimme, die wunderschön klang, wenn er seine traurigen Lieder sang und sich alle fragten, wonach er wirklich da oben Ausschau hielt. Der alte Melf mit der dicken, platten Nase war ein Meister im Netze-Flicken. Er konnte auch in Sekundenschnelle Fische ausnehmen.

„Ich mag ihn aber nicht, er ist ein Freund des Schwarzen", meinte Jan. „Schnupftabak-Fiete kennt sich mit den vier Bordkanonen aus, und der dicke Enno ist der Maat. Er sorgt für Ordnung."

„Wie, Ordnung?", fragte Emily.

„Na, überall an Bord und bei der Mannschaft. Er ist die rechte Hand des Steuermannes, und die Matrosen müssen ihm gehorchen."

Seine Schwester nickte beeindruckt.

„Oke und Rick trinken beide gerne Rum. Rick schnarcht aber lauter." Der Junge grunzte wie ein Schwein. „Etwa so", sagte er lachend. Die Mädchen kicherten.

Als Jan Smutje Hein und den Steuermann Klaas beschrieb, erkannte Johanna die beiden sofort wieder. Die so verschiedenen Männer waren ihr beim Beladen des Schiffes schon aufgefallen.

Sierk, Tado und Wilke waren für das Flicken und Setzen der Segel zuständig. Allerdings wurde beim Segelhissen und -einziehen eigentlich jede freie Hand gebraucht. Mit Jan waren sie vierzehn Mann. Die Überfälle auf die Handelsschiffe erwähnte der Junge nicht. Schließlich war er mit seinen Erzählungen bei der Pulverkammer im Heck angekommen.

„Die Kombüse – so heißt die Schiffsküche – liegt im Bug, also am anderen Ende des Schiffes, möglichst weit weg vom Pulver."

„Warum?", fragte Emily.

„Na, weil der Smutje dort in einem Ziegelofen kocht. Und was, meinst du, brennt im Ofen?"

„Ein Feuer", antwortete Emily brav.

„Genau!", gab Jan ihr recht. „Und in der Nähe des Pulvers wäre das viel zu gefährlich. Wenn auf dem Schiff ein Feuer ausbricht, bedeutet das Lebensgefahr für alle."

„So, da ihr gerade beim Kochen seid, unsere Hühnersuppe ist fertig!", unterbrach Anna.

Sie setzten sich an den Tisch und freuten sich auf das Fleisch. Natürlich wurde alles aufgegessen, und auch vom Kuchen blieb nichts übrig. Während der Mahlzeit unterhielten sich die Donnerfelsler über den letzten Geburtstag, den sie zusammen gefeiert hatten, und Johanna erfuhr, dass Jan geboren worden war, als die Winterlinge blühten. Da sie die gelben Blumen kannte, wusste sie, dass das so im Januar oder Anfang Februar sein musste.

„Wann ist eigentlich dein Geburtstag, Johanna?", wollte Anna wissen.

Johanna überlegte. Sie wusste natürlich, dass sie am 21. Juni Geburtstag hatte, aber was bedeutete das hier schon?

„Ich glaube, der ist, wenn der längste Tag ist", fiel ihr ein.

Aber war das am Donnerfelsen überhaupt der gleiche Tag?

Doch die anderen schienen damit etwas anfangen zu können.

„Oh, der war leider schon. Die Tage werden schon eine ganze Weile wieder kürzer", meinte Anna und sah sie nachdenklich an. „Weißt du was, sobald ich neue Eier, Mehl und Butter habe, feiern wie ihn einfach nach", schlug sie vor. „Es ist doch schön, dass du dich daran erinnern kannst."

„Oh ja!"

Emily strahlte und klatschte in die Hände. Johanna nickte erschrocken. Ahnte Anna etwas? War es ein Fehler gewesen, sich zu erinnern? *Kaum zu glauben, da hatte sie ihren eigenen Geburtstag völlig vergessen. Was würde wohl Mama dazu sagen?*

Nachts auf dem Dachboden war Johanna immer noch satt. Ein gutes Gefühl, das ihr schon fast unbekannt vorkam.

„Johanna", flüsterte Jan. „Nun sind nur noch wenige Seiten in deinem Buch übrig."

Sie sah auf das letzte Kapitel in dem aufgeschlagenen Buch.

„Ach ja, diese blöde Geschichte. Damit habe ich mich an meinem letzten Schultag abgequält. Ich habe nur die Hälfte verstanden, weil ich so wütend war."

„Wenn wir die durch haben, dann bringe ich dich nach Hause", versprach Jan unvermittelt.

Er wurde rot. Aber das konnte Johanna im Kerzenlicht nicht sehen.

„Es wäre ungerecht, dich noch länger hier zu behalten. Du hast deinen Teil der Abmachung erfüllt."

Johannas Herz schlug plötzlich schneller.

„Versprochen?", fragte sie.

„Versprochen!", antwortete Jan, und er meinte es wirklich ehrlich. Doch es sollte alles ganz anders kommen.

L wie Lesebuch

Emily riss die Augen auf und blickte auf den großen Mann, der auf einmal vor ihr stand. Wie war er nur hereingekommen? Warum hatte sie nichts gehört? Wie gelähmt saß sie auf ihrem Bett und starrte in die Mündung seiner Pistole.

Mit beiden Armen umklammerte sie das Lesebuch und drückte es sich ängstlich an die Brust. Ein Schrei blieb ihr im Halse stecken. Dafür gackerten die beiden jungen Hennen, die sie sich zur Gesellschaft ins Haus geholt hatte, umso lauter durcheinander. Schon war der Mann bei ihr. Er hatte nur ein paar Schritte gebraucht und bewegte sich vollkommen lautlos. Fest legte er ihr seine große Hand auf den Mund. Sein dreieckiger Hut berührte ihr Haar, und als sich sein Mund ihrem Ohr näherte, kitzelte sie sein Bart auf der Wange. Ein Schauer fuhr ihr über den Rücken.

„Keinen Mucks!", befahl er langsam und deutlich. „Wenn du um Hilfe rufst, töte ich dich und danach deinen Bruder. Ist das klar?"

Seine Stimme war kalt und klar wie ein Wintermorgen, nur nicht so schön. Emily fing an zu zittern. Der Mann ließ sie erst los, als sie gehorsam nickte. Was blieb ihr auch übrig? Er meinte, was er sagte.

„Das da bekomme ich", sagte der Schwarze Piet und riss mit einem Ruck das Lesebuch an sich. Sofort stürzten Emily die Tränen in die Augen.

„Das darfst du nicht, das gehört Johanna“, wagte sie zu protestieren.

Der Kapitän der Seekatze richtete sich auf und blickte sie nur von oben herab an.

„Ich darf alles! Merk dir das!“

„Du bist böse.“

Emily flüsterte nur, aber der Schwarze hatte gute Ohren. Er lachte hässlich. Es schien ihm zu gefallen, böse zu sein.

„Oh ja, du hast recht. Ich bin böse.“ Er machte eine kurze Pause, als müsste er überlegen. Dann beugte er sich wieder zu Emily herunter. „So böse wie alle anderen Menschen auch. Aber ich bin größer und stärker als du“, zischte er sie an. „Deshalb nehme ich mir auch, was ich will, verstanden?“

„Du bist ein Dieb!“

Emily wunderte sich ein zweites Mal über ihren Mut. Vielleicht war sie zu verzweifelt, um Angst zu haben.

„Ihr seid selbst schuld. Du hättest viel vorsichtiger sein müssen.“ Piet zog das kleine hölzerne E aus der Tasche und hielt es Emily unter die Nase. „Das hier hättest du nicht verlieren dürfen. Wie kann man nur so dumm sein! Ich bin ... wie sagt man? ... darüber gestolpert. Als ich es aufhob, war mir klar, dass ihr etwas besitzt, das zu kostbar für euch ist. Viel zu kostbar für so ein paar kleine Kröten, wie ihr es seid, hörst du?“

Emily hielt vor Schreck den Atem an. Warum nur hatte sie nicht gemerkt, dass ein Buchstabe fehlte?! Ausgerechnet das E! Sie hatte einige davon geschnitzt, weil es in den Wörtern so häufig vorkam.

„Ein Blick durchs Fenster zur richtigen Zeit, und ich wusste, was ihr hier treibt.“

Also hatte sie sich den Schatten am Fenster doch nicht nur eingebildet! Der Kapitän hatte sie beim Unterricht beobachtet.

„Ein Buch, mit dem man Lesen lernen kann, ist nichts für kleine Kinder." Er trat einen Schritt zurück. Die Waffe war weiter auf Emily gerichtet. Das Mädchen saß kerzengerade und mucksmäuschenstill. „Bei mir ist es viel besser aufgehoben. Morgen gehe ich auf meine letzte Fahrt, und das hier", der Schwarze Piet klopfte mit den Fingern auf das Buch, „wird mir wertvolle Dienste leisten."

Genauso lautlos und schnell, wie er gekommen war, verschwand der grausame Mensch und mit ihm das kostbare Buch.

Johanna und Jan kehrten als Erste nach Hause zurück und stießen auf eine untröstliche Emily. Kraftlos wie ein leerer Mehlsack lag sie auf ihrem Bett und schluchzte in ihr Kissen. Erst nach und nach war sie in der Lage, sich hinzusetzen und zu erzählen, was geschehen war.

„Arme Emily!"

Johanna nahm sie fest in den Arm. Was musste die Kleine für Angst gehabt haben! Doch auch ihr selber sank der Mut. Vielleicht war das Lesebuch ihr Tor nach Hause, auch wenn sie immer noch nicht wusste, wie es funktionierte. Jan hatte neulich wieder so etwas angedeutet. Dann musste sie ohne Buch womöglich für immer hier am Donnerfelsen bleiben. Johannas Herz wurde so schwer, dass sie nicht mehr aufstehen konnte. Es fühlte sich an, als parke ein Lastwagen auf ihrem Brustkorb. Da befahl Jan seiner Schwester:

„Emily, jetzt hör sofort auf zu weinen! Das macht den Schaden auch nicht wieder gut. Du kannst nichts dafür. Hörst du? Der Schwarze Piet ist schuld!"

Er ballte seine Hand zu einer Faust und hielt sie seiner Schwester unter die Nase. Dann senkte er die Stimme.

„Ich schleiche mich heute Nacht auf das Schiff und hole das Buch zurück."

„Und dann?", fragte Johanna ebenfalls leise. „Er wird merken, dass es weg ist, und sofort wissen, wer es hat. Dann kommt er und holt es sich! Und ich will gar nicht wissen, was er dann mit uns macht."

Jan schüttelte den Kopf.

„Nein, Johanna. Er wird es erst merken, wenn es zu spät ist. Ich weiß, dass die Seekatze schon in aller Frühe auslaufen soll. Der Schwarze kontrolliert seine Sachen nicht andauernd. Dafür fühlt er sich viel zu sicher." Jan nickte, um sich selbst Mut zu machen. „Und wenn er zurückkommt, bist du mit dem Buch längst zu Hause."

Erschrocken legte Johanna den Finger auf die Lippen und zeigte auf Emily. Aber die Kleine hatte nicht zugehört. Sie streichelte selbstvergessen eine der jungen Hennen, die zu ihr aufs Bett geflattert war, und sprach tröstend auf sie ein.

„Selbst wenn, Jan, ihr seid doch noch hier. Was willst du ihm sagen, damit er euch nichts antut?"

„Die Wahrheit", sagte Jan schlicht. „Etwas anderes habe ich nicht. Aber vielleicht kommt er auch nie zurück, und wir machen uns völlig umsonst Sorgen. Emily sagte doch, es sei seine letzte Fahrt. Ich glaube nicht, dass er den Rest seines Lebens ausgerechnet hier verbringen will."

Die Wahrheit? Das war das erste Mal, dass sie dieses Wort aus Jans Mund hörte. Eine Weile dachte Johanna nach.

„In Ordnung", stimmte sie zu. „Aber ich komme heute Nacht mit und helfe dir."

„Das kommt überhaupt nicht infrage. Das ist viel zu gefährlich. Du bleibst hier!", schimpfte Jan aufgebracht.

Johanna schwieg, sie wollte den Jungen nicht noch mehr reizen. Aber sie dachte sich ihren Teil. Als Anna schließlich nach Hause kam, taten die drei Kinder so, als sei alles in Ordnung. Emily hatte sich beruhigt. Sie war Johanna unendlich dankbar, dass sie ihr nicht böse war. So froh war sie, dass sie ihr etwas schenken wollte. Schon bald kam ihr eine Idee. Sie wählte ein besonders gut gelungenes D aus ihren Buchstaben aus und zog ein schmales Lederband hindurch.

„Das ist für dich", sagte sie, als Anna kurz nach draußen gegangen war. „Du kannst es immer umhaben und an mich denken."

„Oh, danke, Emily, ein D! D wie Donnerfelsen. Es ist wunderschön!", sagte Johanna überrascht und nahm die Kette entgegen. Ihre Finger umschlossen den Holzbuchstaben. Er war nicht rau, sondern glatt und schmiegte sich in ihre Hand. Gerührt küsste sie die Kleine auf die Stirn.

In der Nacht stand Jan leise auf. Auch Johanna war wach geblieben, um ihm Glück zu wünschen. Sie bemerkte ein kleines Stück Schilfrohr, das an einem Band um seinen Hals baumelte.

„Darin ist das Pergament mit den seltsamen Zeichen", erklärte der Junge ungefragt. Das Röhrchen war am oberen Ende mit einem Bienenwachspfropfen verschlossen. Jan atmete einmal tief ein und aus. „Falls mich doch jemand erwischt, kann ich mich vielleicht damit freikaufen. Es gibt Männer an Bord, die mir helfen würden, um zu erfahren, was darauf steht."

„Aber das weißt du doch selbst nicht", wandte Johanna ein.

„Ich finde es noch heraus. Da bin ich mir sicher."

Mit diesen Worten drehte Jan sich um und machte sich auf den Weg. Johanna sah ihm nach. Der Himmel war bedeckt, und man sah den Vollmond nicht, doch Jan kannte den Weg auch im Dunkeln. Sicher bewegte er sich durch die Gassen. Nur ein Haus war noch mit einer Kerze erleuchtet. Vorsichtig duckte er sich in den Schatten und kroch vorbei. Unter dem Fenster schreckte er auf einmal zusammen. War da noch jemand? Hatte er Schritte gehört, oder spielten ihm seine Ohren einen Streich? Nein, nur eine Katze miaute. Dann schepperte ein Eimer.

„Mistvieh!", schimpfte ein Mann. „Dir werde ich Beine machen!"

Eine Tür quietschte. Jan verharrte in dem schmalen Spalt zwischen zwei Häusern, bis er ein Jaulen hörte. *Ach, nur ein Hund!,* dachte er erleichtert und fröstelte. Die Nacht war kälter als erwartet. Vorsichtig kam er aus seinem Versteck und schlich weiter zum Strand. Im Gehen schlug er leicht mit den Armen um sich, um warm zu werden. Ein paar Minuten später kam der Junge ohne weitere Zwischenfälle am Hafen an. Dort lag die Seekatze und schaukelte sanft auf und ab. Er bewunderte sie einen Moment. Was für ein schönes, harmloses Schiff, solange keine Menschen an Bord waren! Vom Deck her tönte lautes Schnarchen über das Wasser. Jan erkannte es sofort. Rick, der eigentlich auf das Schiff aufpassen sollte, war wieder einmal betrunken eingeschlafen.

Sehr wahrscheinlich gab es heute Nacht keine weiteren Wachen. Denn nicht nur der Kapitän, sondern auch seine Mannschaft fühlte sich sicher im Dorf am Donnerfelsen. Niemand hätte es je gewagt, Hand an die Seekatze zu legen. Die Angst der Einwohner war einfach zu groß, darum konnte man ruhig auf weitere Aufpasser verzichten. Das kam Jan jetzt bestimmt zugute. Und richtig! Ohne Probleme drückte er sich an dem schlafenden Piraten vorbei und gelangte auf das Schiff.

Alles hier war ihm genauso vertraut wie sein Elternhaus. Die Reise mit dem Schwarzen war lang genug gewesen, um in jedem Winkel der Seekatze heimisch zu werden. Vorsichtig ging Jan an der Reling entlang über das Deck. War wirklich niemand an Bord? Oder schlief der Schwarze womöglich schon in seiner Kajüte? Wie sollte er dann jemals an das Buch kommen? Diese beunruhigenden Gedanken jagten ihm plötzlich durch den Kopf. Er versuchte, sie zu verdrängen und sich nur auf den nächsten Schritt zu konzentrieren. *Vorwärts! Jetzt gibt es kein Zurück mehr. Ich muss es einfach finden!*

Als Nächstes erreichte Jan die Tür zur Kapitänskajüte. Sie war zu, aber der Schlüssel steckte. Was für ein unverschämtes Glück! Langsam und leise drehte er den Schlüssel. Da knarrte es hinter ihm. Er riss den Kopf herum. Huschte da ein Schatten vorbei? Nein, der auffrischende Wind hatte nur kurz die Segel gefüllt, und der Mast knarrte. Jan stand der Schweiß auf der Stirn. Ihm war nicht mehr kalt, aber er zitterte vor Aufregung und Anspannung. Mit bebenden Händen öffnete er die Tür einen Spalt weit und glitt lautlos in die Kajüte. Die Tür ließ er vorsichtshalber offenstehen.

Er wartete einen Moment. Dann hatten sich seine Augen an das Dunkel gewöhnt, und er ging zum Schreibtisch des Kapitäns hinüber. Aber hier lag das Buch nicht. Nur einige Seekarten waren darauf ausgebreitet. Jan durchsuchte erst die offenen Schubladen und arbeitete sich dann nacheinander durch jeden der in die Wand eingebauten Schränke. Nichts. *Denk nach, Jan, denk nach!*, befahl er sich selbst. *Wo würdest du etwas verstecken?* Schließlich kam er am Bett des Kapitäns an. Er strich über die Decke, die ordentlich festgesteckt war. Seine Hände fühlten etwas Flaches und Hartes. Da war es: das Buch. Endlich am Ziel! Seine Hände fassten unter die Bettdecke und zogen das Lesebuch hervor. Der Mond war hinter den Wolken hervorgekommen und leuchtete nun hell durch das Fenster. Jan richtete sich im Mondlicht auf und stopfte das Buch unter sein Hemd. Doch als er dabei den Kopf hob, erstarrte er mitten in der Bewegung. Der Junge blickte geradewegs in Johannas Gesicht.

„W... was in aller Welt machst du hier?!“, stotterte er entgeistert.

Doch bevor Johanna antworten konnte, fiel die Tür zur Kapitänskajüte zu. Jemand drehte den Schlüssel im Schloss.

„Ihr habt es nicht anders gewollt“, stellte eine Stimme auf der anderen Seite der Tür hämisch fest. Jan kannte sie nur zu gut, und auch Johanna wusste sofort, dass es der Schwarze Piet war. Entsetzt sahen sich die Kinder an. Sie saßen wie Mäuse in der Falle.

M wie Meer

„Hilfe! Hört uns denn keiner? Wir sind hier eingesperrt!“

Johanna hämmerte wild an die verschlossene Tür. Das Lachen des Schwarzen entfernte sich.

„Lass!“, meinte Jan. „Es hat keinen Zweck. Das hört niemand im Dorf. Und selbst wenn, es würde uns niemand helfen. Du holst dir nur blaue Flecken.“

Er hatte sich dem runden Fenster zugewandt, aber er konnte es nicht öffnen. Nirgendwo gab es einen Riegel. Ratlos sah er sich im Raum um. Es gab kein Entkommen. Viel zu schnell hörten sie schon wieder Schritte draußen. Noch einmal drehte sich der Schlüssel. Der Kapitän war zurück. Er zielte mit seiner Pistole auf Jan.

„Leg das Buch wieder auf das Bett!“, befahl er ruhig. Jan gehorchte sofort. Dann warf ihm der Pirat einen Strick und ein Halstuch zu. „Sorg dafür, dass sie still ist und keine Dummheiten macht!“

Johanna schluckte, als Jan ihr vorsichtig die Hände auf dem Rücken zusammenband.

„Nicht so zimperlich!“, fuhr der Kapitän den Jungen an.

Jan zog den Strick fester, sodass Johanna nach Luft schnappte.

„Tut mir leid“, entschuldigte er sich aufrichtig. Dann benutzte er das Halstuch, um Johanna zu knebeln. Jan sah die Angst in ihren Augen. „Du musst ganz ruhig durch die Nase atmen! Dann geht es“, raunte er ihr zu.

Doch der Schwarze Piet stieß ihn grob auf die Seite.

„Genug geplaudert!“, fuhr er den Jungen an und verschnürte ihn jetzt selbst. Die Knoten zog er so kräftig fest, dass Jan aufstöhnte. Aber auf dem Kapitänsgesicht zeigte sich kein Mitleid.

„So, jetzt habt ihr genügend Zeit, um über eure Dummheit nachzudenken“, sagte er nur und fesselte die beiden Kinder an den Bettpfosten.

Der Schwarze Piet verließ die Kajüte, und der Mond verschwand wieder hinter den Wolken, als habe er für heute genug geleuchtet. So weit Johanna die Augen auch aufriss, es gab nichts zu sehen. Die Dunkelheit dauerte an. Minuten dehnten sich zu Stunden und zu einer gefühlten Ewigkeit. Erst versuchte Johanna verzweifelt, den Knebel aus dem Mund zu stoßen oder ihre Hände freizubekommen. Dann gab sie auf. Sie hatte sich schnell an die Fesseln gewöhnt. Vor Angst und Erschöpfung sank ihr der Kopf auf die Brust, und sie fiel in einen unruhigen Schlaf. Jan hatte gar nicht erst versucht, sich zu befreien. Der Kapitän verstand sein böses Handwerk. Deshalb war er eher eingenickt als seine Mitgefangene.

Aber der Schlaf bescherte den beiden nur kurzes Vergessen. Allzu früh weckte lautes Gerumpel und Poltern die Kinder wieder. Derbe Flüche flogen durch die nun schon alte Nacht. Die Matrosen kamen an Bord! Eine der Stimmen klang selbst beim Schimpfen halbwegs freundlich.

„Pass doch auf, du Rindvieh!“

Jan wusste, dass es der Smutje war.

„Dann lauf mir halt nicht in den Weg!“, antwortete eine angenehm tiefe Stimme ruhig.

Das musste der lange Tem gewesen sein, die Krähe. Jetzt stimmte er im Rhythmus der Arbeit ein Lied an. Andere Männer

fielen mit ein. Johanna guckte Jan fragend an. Der Junge konnte im Gegensatz zu ihr die meisten Geräusche gut einordnen. Offensichtlich wollte die Seekatze mit dem ersten Sonnenstrahl den Hafen verlassen. Aber der Knebel hinderte ihn daran, es Johanna zu sagen und ihr zu erklären, was vor sich ging. Jemand rüttelte an der Tür.

„He, warum ist denn hier abgeschlossen?" Das war der Steuermann Klaas. „Die Kapitänskajüte hat immer für jeden offen zu stehen! Was soll das?!"

Jan hätte ihm gerne geantwortet, konnte sich aber nicht bemerkbar machen. Der Knebel schluckte jeden Ton. Verzweifelt zerrte er an den Stricken, obwohl er wusste, dass es keinen Zweck hatte.

„Neuer Befehl vom Kapitän. Soll abgeschlossen bleiben. Er will nicht, dass da jeder drin herumläuft", antwortete wohl Melf, denn die Stimme näselte etwas.

„So langsam habe ich die Faxen dicke von seiner Eigenmächtigkeit", ärgerte sich der Steuermann. „Befehl! Außer im Kampf hat der gar nichts zu befehlen", schnaubte er missmutig. „Aber auch egal, den Weg raus aus diesem Nest kenne ich ohnehin wie meine Westentasche."

Die Stimmen wurden leiser, und das Schiff begann zu schaukeln. Ruderblätter klatschten ins Wasser. Die Seekatze setzte sich langsam in Bewegung. Im Dorf würde man aufatmen, aber Johanna fuhr ein neuer Schreck in die Glieder. Jetzt war auch dem Mädchen klar, was das bedeutete: Es war bereits hell genug, und so suchte sich das Schiff gemächlich seinen Weg durch die Klippen. Als die Sonne ganz aufgegangen war, hatte es das offene Meer schon erreicht. Im frühen Tageslicht segelte die Seekatze unschuldig dahin, und diesmal holte niemand die friedliche Handelsflagge ein. Harmlos flatterte sie weiter im Wind.

„Ich halte überhaupt nichts davon, noch eine Landratte an Bord zu holen. Und dann noch ein Mädchen." Was war das für eine Stimme? „Das ist eine hirnrissige Idee. Lass uns die Kinder sofort zurückbringen!"

„Es ist mir egal, was du davon hältst, Owe. Ich brauche deine Erlaubnis nicht." Das war der Schwarze; er klang wütend, aber Holzbein auch. „Sie werden sich nützlich machen."

„So? Und was ist, wenn wir am Ziel sind? Wo sollen sie dann hin?"

Owe senkte die Stimme, aber sie waren schon so nah an die Tür herangekommen, dass Jan und Johanna sie trotzdem gut verstehen konnten.

„Das lass mal meine Sorge sein!", antwortete der Kapitän gerade.

„Ach ja? Weil du so klug bist?", regte Holzbein sich weiter auf. „Es wäre nicht dein erster Fehler."

„Was soll das heißen? Hältst du dich für schlauer? Dann übernimm du doch das Kommando!"

Das klang bedrohlich, und der Einbeinige unterdrückte seinen Zorn. Wütend presste er die Lippen aufeinander.

„Du tust, was ich sage!", schnauzte der Kapitän.

„Aye, aye, Sir!", gab Owe zähneknirschend nach.

Hinter seinem Rücken aber ballte der Glatzkopf eine Faust, und sein Gesicht war vor Wut verzerrt, als er sich umdrehte.

„Du wirst dich noch wundern", zischte er leise durch die Zähne.

Die Tür öffnete sich, und der Schwarze kam auf die Gefangenen zu. Er schnitt ihre Fesseln ab und löste die Knebel.

„Bewegung!“, fuhr er sie an.

Steif erhoben sich die beiden. Ihre Münder waren ausgetrocknet und die Handgelenke rot. Johannas Hände kribbelten, als das Blut wieder ungehindert hineinfloss.

„Genug gefaulenzt, raus aufs Deck!“, befahl der Schwarze Jan. „Du kennst ja die Arbeit!“

Zur Bekräftigung ließ er sein krummes Messer mit der flachen Seite auf den Rücken des Jungen krachen. Das versetzte ihm einen harten Stoß nach vorn. Der Getroffene zuckte zusammen und stolperte. Johanna schrie laut auf.

„Und du“, er zeigte mit dem Messer auf Johanna, „ab in die Kombüse! Hier dreht keiner Däumchen.“

Hinter dem Schwarzen war der Smutje aufgetaucht.

„Komm, Mädchen! Hinter mir her.“

Schnell fasste er Johanna am Arm, bevor der Schwarze auf die Idee kam, auch bei ihr mit seinem Säbel nachzuhelfen. Das Mädchen nickte stumm. Der Koch konnte nicht wissen, dass sie den Grundriss des Schiffes kannte. Durch Jans detaillierte Zeichnungen wusste sie genau, wie sie zur Kombüse kam. Aber sie hielt es für klüger, das für sich zu behalten.

Als sie gemeinsam über das Deck gingen, schaute keiner der Matrosen verwundert auf. Alle schienen Bescheid zu wissen, doch niemand hielt die Kinder auch nur eines Blickes für würdig. Ganz offensichtlich konnten sie keine Hilfe von Seiten der Mannschaft erwarten. Johanna war froh, als sie endlich an der Bordküche ankamen. Überrascht blieb sie auf der Türschwelle stehen. Der Raum war um einiges größer, als sie gedacht hatte.

„Das Reich des Feuers“, stellte der Rothaarige ihr seinen Arbeitsplatz vor, „nur der Koch hat das Recht, an Bord Feuer zu machen.“

Auch das wusste Johanna schon. Sie betrat die Kombüse. Der große Ziegelofen zog ihre Blicke sofort unwiderstehlich an. Seine Wärme schien bis zur Tür zu reichen, die sie nun hinter sich zuzog. Frieren würde sie hier jedenfalls nicht. Von der niedrigen Decke baumelten allerlei Dinge. Hölzerne Kellen, Koch- und Schöpflöffel hingen wie schaukelnde Eiszapfen neben Pfannen und Töpfen, Quirlen und Schneebesen aus Metall, dazwischen Leinwandsäcke in verschiedenen Größen. Irgendwie schien alles aufgehängt oder am Boden festgeschraubt zu sein, wie der Tisch und die Bank direkt vor ihr. *Holzschrauben!*, dachte Johanna, als sie genauer hinsah. Wider Erwarten war sie beeindruckt von dieser so ganz anderen Kücheneinrichtung. Obwohl es anders aussah als an Land, hatte es etwas Heimeliges und kam ihr wenigstens ein bisschen vertraut vor. Hein war hinter dem Herd verschwunden. Er nahm seine Hängematte ab und hängte eine kleinere für Johanna auf. Sie reichte tiefer zum Boden, sodass das Mädchen bequem einsteigen konnte.

„Hier schläfst du ab jetzt", wies er sie an und befestigte seine eigene Matte am anderen Ende der Küche, gleich neben der Tür. „Ihr könnt von Glück sagen, dass der Kapitän euch nicht härter bestraft hat! Was ist nur in euch gefahren? Euch einfach auf das Schiff zu schleichen!"

Johanna wusste nicht, was sie antworten sollte. Zu sehr steckte ihr noch der Schrecken der Nacht in den Gliedern.

„Was hattet ihr bloß in der Kajüte des Schwarzen zu suchen?" Der Koch beugte sich herunter und sah ihr genau in die Augen. Sein Blick war offen und direkt, und Johanna hatte das eigenartige Gefühl, er wüsste die Antwort schon. „Nun, ich hoffe, du bist jetzt klug genug, um zu gehorchen, und bleibst ab sofort in meiner Nähe. Hörst du?"

Sie nickte – immer noch stumm. Hein setzte sich auf die Bank. „Das ist sicherer für dich."

Täuschte sie sich, oder sah er besorgt aus? Johanna war verwirrt und runzelte die Stirn.

„Wie konntet ihr Anna das antun? Sie weiß bestimmt nicht, wo ihr steckt, oder?", fragte Hein.

Das Mädchen schüttelte beschämt den Kopf und blickte zu Boden. An Jans Mutter hatte sie überhaupt nicht gedacht. Der Smutje fuhr sich über die Augen.

„Natürlich nicht!", sagte er und seufzte. Dann sah er Johanna wieder an. „Also, ab jetzt bin ich für dich zuständig. Wenn du weitere Dummheiten machst, werde ich dich bestrafen müssen." Der Smutje stand wieder auf und begann, in einem großen Bündel Wäsche zu kramen. „Wenigstens kannst du hier nicht mehr weglaufen", sagte er und warf Johanna eine kürzere Hose zu. Sie fing sie mit links auf. Hein nickte anerkennend.

„Tausch das gegen den Rock, den du anhast, und binde dir die Haare fest zusammen. Außerdem setz ein Kopftuch auf, klar?" Er schmunzelte, oder? Tatsächlich! „Wir mögen nämlich keine Haare im Essen."

„Klar", antwortete Johanna und atmete zum ersten Mal auf, seit ihr Fuß die Seekatze betreten hatte. Vielleicht hatte sie es gar nicht so schlecht getroffen. Wenn es nur auch Jan gut ging ...

N wie Neuigkeiten

Johanna hielt an der letzten Leiter an, die zum Laderaum hinabführte. Sie hängte die Laterne an den Haken unter der Decke und kletterte geschickt und sicher hinunter, obwohl sie nur eine Hand benutzen konnte. In der Linken trug sie den Eimer zum Kartoffeln-Holen. Das Mädchen störte die grobe Tuchhose, die es trug, längst nicht mehr. Bei der Kletterei, der Gischt und dem starkem Wind an Deck war diese Kleidung einfach praktischer. Außerdem fühlte es sich so an, als würde sie langsam hineinwachsen. Johanna prüfte den Sitz der Hose. Es war nicht schlecht, an der Quelle zu sitzen! Hein sorgte dafür, dass sie genug aß. Reichlich Obst und Gemüse, Pökelfleisch und Zwieback hatten sie den Hunger vergessen lassen.

Das Mädchen verharrte nur kurz, Johannas Augen gewöhnten sich schnell an das Dämmerlicht. Die mittlerweile vertrauten Kisten, Fässer und Stapel nahmen Konturen an, und sie fragte sich, wie oft sie wohl noch für Hein hinunter- und wieder hinaufsteigen würde. Wie gut, dass im Moment kein Lüftchen wehte. Die Seekatze lag ruhig im Wasser und bewegte sich kaum vom Fleck. Johanna nutzte die Zeit der Flaute. Jetzt war es leichter, nicht auszurutschen und in das Leckwasser zu treten, das sich immer am Boden des untersten Decks sammelte. Je länger es dort stand, umso unangenehmer war ein Fehltritt in das Bilgewasser oder die Kieljauche, wie die Piraten es nannten. Jan, der

Arme, musste es von Zeit zu Zeit abschöpfen. Eine widerliche Arbeit, denn das Wasser stank wie die Pest! Mülleimerduft war dagegen das reinste Parfüm.

Unten angekommen hängte Johanna den Kartoffeleimer an einen dicken Nagel. Jetzt hatte sie beide Hände frei. Gründlich kontrollierte sie das Sauerkraut in den Tonfässern – so wie jeden Tag. Es war alles in Ordnung, auch wenn es fürchterlich roch! Die großen Fässer waren gefüllt mit geraspeltem Weißkohl und gesalzenem Wasser, der Lake. Sie wurden oben am Rand etwas breiter und öffneten sich zu einer Rinne, in die der kleinere Deckel passte. Diese Rinne stand voller Lake. Das war gut so. Die Deckelränder mussten nämlich rundum locker ins Wasser tauchen, damit die Gärgase hinausgelangen konnten, aber keine Luft hineinkam. Johanna war erleichtert. Alles war genau so, wie der Smutje es ihr eingeschärft hatte.

„Verstanden, Kleine? Das Sauerkraut darf nie auch nur ein wenig austrocknen. Sobald Luft drankommt, schimmelt es und wird ungenießbar."

Das waren jedes Mal seine Worte. *Warum ist ihm das blöde Kraut bloß so wichtig?*, fragte sie sich, während sie überall sorgfältig Salzwasser nachfüllte. *Jedenfalls verfolgt es mich, das Sauerkraut,* dachte sie etwas wehmütig.

Als es im Brennholz klapperte, fuhr Johanna zusammen. Dann hörte sie ein kurzes, ängstliches Quieken und atmete auf. Wer sollte auch schon hier unten sein? Die Bordkatze hatte nur eine Ratte gefangen. Nun verzehrte sie leise schmatzend ihr Festmahl. Johanna schüttelte den Ekel ab. Auch wenn es ihr nicht gefiel, erledigte der struppige Vierbeiner eine äußerst wichtige Aufgabe. Die Ratten würden wohl sonst das Kommando an Bord übernehmen. Sie vermehrten sich rasend schnell. Plötzlich legte sich von hinten eine Hand auf ihren Mund. Johanna erstarrte und riss die Augen auf. Ihr Herz setzte kurz aus. Was hatte das zu bedeuten?

„Pst! Keine Angst, ich bin es nur!“, flüsterte es in ihr Ohr. „Habe ein paar Neuigkeiten.“

Jan! Das war fast zu schön, um wahr zu sein. Die letzten Tage hatte sie ihn nur von Weitem gesehen. Endlich konnten sie miteinander reden.

„Alles in Ordnung?“, fragte er immer noch leise.

Als Johanna nickte, nahm der Junge seine Hand weg.

„Mir geht es gut beim Smutje“, wisperte sie. „Ich habe sogar zugenommen.“ Sie ruckelte am Hosenbund. „Und was ist mit dir?“

„Diesmal lassen sie mich ziemlich in Ruhe“, beruhigte Jan das Mädchen. „Der Schwarze ist oft in Gedanken versunken und sieht mich gar nicht. Es ist, als würde er durch mich hindurchgucken.“

„Dann hatten wir beide Glück“, stellte sie fest. „Ich darf nur nicht an zu Hause denken. Wie sollen wir hier jemals wieder wegkommen?!“ Ihre Worte überschlugen sich. „Hast du eine Ahnung, wo ...“

„Deswegen bin ich hier“, unterbrach Jan. „Ich muss schnell machen, bevor man mich doch noch vermisst. Hör zu! Diesmal ist die Seekatze nicht auf Kaperfahrt, sondern auf Schatzsuche.“

„Woher weißt du das?“

„Es weht immer noch die Handelsflagge im Wind, und der Kapitän hat schon einige Schiffe, die eine leichte Beute gewesen wären, vorbeifahren lassen. Das hat mich stutzig gemacht. Es passt nicht zu ihm. Dann aber habe ich ein Gespräch zwischen Melf und Owe Holzbein belauscht. Als sie erwähnten, Piet wüsste

nun, dass der Schatz, hinter dem er her ist, auf der Insel Jirsey versteckt ist, war mir alles klar.“

„Aber das stand doch auf der Karte mit der seltsamen Schrift sowieso dick drauf, hast du gesagt!?“, wunderte sich Johanna.

„Wer weiß schon, was in seinem Kopf vorgeht und warum er sich vorher nicht sicher war.“ Jan zuckte verächtlich die Schultern. „Vielleicht gibt es mehrere Inseln mit diesem Namen, oder die Umrisse der Zeichnung passten nicht zu seinen Seekarten. Was auch immer. Jedenfalls scheinen die drei gemeinsame Sache zu machen, und wir segeln auf direktem Weg dorthin, um den Schatz zu heben. Danach, hat Melf zu Owe gesagt, danach – und das ist die gute Nachricht! – will der Kapitän nicht mehr zum Donnerfelsen zurück. Er hat das Dorf satt. Was soll man für Geld bei uns auch schon kaufen! Die drei wollen sich heimlich absetzen. Und zwar so schnell wie möglich, weil sie keinem der anderen über den Weg trauen. Der Rest der Mannschaft scheint von dem Schatz nichts zu wissen. Sie sollen wohl leer ausgehen.“ Jan redete immer weiter. „Sie rechnen damit, dass der Steuermann sich dann zum neuen Kapitän wählen lässt und das Schiff übernimmt. Er wird zurück zum Donnerfelsen segeln.“

Johanna brauchte etwas, um die vielen Neuigkeiten zu verdauen.

„Und was machen wir jetzt?“, fragte sie dann.

„Wir? Wir holen uns das Lesebuch, wenn der Kapitän mit der Schatzsuche beschäftigt ist. Dafür muss er schließlich das Schiff verlassen. und auch die Matrosen werden zu tun haben, wie bei jedem Landgang.“

Johanna guckte zweifelnd, aber Jan war richtig in Fahrt.

„Außer uns und ihm weiß doch niemand von dem Buch. Keiner wird es vermissen. und der Schwarze wird keine Zeit haben, es zu suchen, wenn er erst mal mit dem Schatz beschäftigt ist und mit seinem neuen feinen Leben sonst wo."

Jan nahm das Lederband ab, an dem das Stück Schilfrohr baumelte.

„Hier, nimm du das Pergament mit den Zeichen! Ich kenne sie in- und auswendig. Versuche du dein Glück mit dem Rätsel!"

Er wandte sich schon wieder der Leiter zu und griff nach einer der Sprossen. Johanna legte ihm rasch eine Hand auf die Schulter und hielt ihn zurück.

„Wann und wo treffen wir uns wieder?", wollte sie wissen und band sich das Lederband um den Hals. Das Schilfröhrchen ließ sie unter ihrer Bluse verschwinden.

„Nur hier unten!", antwortete Jan. „Wann, kann ich nicht sagen. Ich beobachte dich und passe eine gute Gelegenheit ab."

So plötzlich wie der Schiffsjunge gekommen war, verschwand er wieder. Johanna rieb sich die Augen und fasste an das Schilfrohr unter dem Stoff. Nein, sie hatte nicht geträumt! Rasch sammelte sie die Kartoffeln in den Eimer und stieg hinauf aufs Deck. Oben blinzelte das Mädchen in die Sonne. Eine harte Stimme bellte ihr entgegen wie ein wütender Hund.

„Wo hast du gesteckt, du stinkende Bilgratte?", schnauzte der Schwarze.

Aber er meinte nicht sie, sondern hatte Jan am Ohr gepackt und schleifte ihn hinter sich her. Johanna hätte beinahe den Kartoffeleimer fallen gelassen. Piets Gesicht war rot vor Wut.

„Dir werde ich das Faulenzen schon austreiben!", brüllte er. „Owe! Schick ihn zu den Haien!"

Das Mädchen hatte keine Ahnung, was das bedeutete, aber als sie sah, wie der Matrose ein dicke, lange Holzplanke über

die Reling legte, ahnte sie, dass es nichts Gutes war, und lief so schnell wie möglich zum Smutje. Der Eimer schlug vor ihre Knie, aber sie achtete nicht darauf.

„Hein! Hilfe!", rief sie und knallte die Kartoffeln auf den Küchenboden. „Ich glaube, Jan soll ins Meer springen! Zu den Haien!"

Der Smutje verstand sofort. Er ließ alles stehen und liegen. Im Nullkommanichts war er an Deck, mit dem Mädchen auf den Fersen. Doch es war zu spät. Jan stand bereits am Ende der Planke wie auf einem Sprungbrett im Schwimmbad. Neben dem wütenden Piet hatte sich Owe in Position gebracht. Er zielte mit der geladenen Pistole auf den Jungen, um dem Befehl zum Sprung Nachdruck zu verleihen. Jan hatte keine Wahl. Sie konnten gerade noch sehen, wie er den letzten Schritt vorwärts machte. Schon hörten sie, wie er auf das Wasser aufschlug.

„Aus dem Weg!", fauchte Hein und stieß Owe an die Seite.

Er riss die Planke aus der Verankerung und gab ihr einen kräftigen Stoß, sodass sie direkt neben Jan ins Wasser fiel. Sie war so nah, dass Johanna befürchtete, sie würde den Jungen treffen.

„Halt dich an dem Brett fest!", rief der Smutje Jan zu und beugte sich jetzt auch über die Bordwand.

Doch dann hielt er mitten in der Bewegung inne. Verblüfft starrte er ins Wasser. Der Junge schwamm oben! Er brauchte das Brett gar nicht. Jan winkte fröhlich und hatte offenbar keine Angst zu ertrinken.

„Was zum Henker ... ?!"

Hein war nicht der Einzige, der verdattert guckte.

„Sieh mal einer an", murmelte der Schwarze. „Die Bilgratte kann schwimmen!"

Auch Owe riss die Augen auf. Er zog die Oberlippe hoch und bleckte seine wenigen Zähne.

„Was steht ihr da noch rum und sperrt die Klüsen auf?", fuhr Piet die Matrosen an. „Holt den Jungen wieder hoch! Ich brauche ihn noch."

Die Wut des Schwarzen war so schnell verraucht, wie sie gekommen war, und genauso flugs hatte er seine Meinung geändert. Der Kapitän kniff die Augen zusammen.

„Und vergesst die Planke nicht!"

Die Seeleute waren einiges gewöhnt, auch dass Piet heute *hü* und morgen *hott* sagte. Mit allem hätten sie deshalb gerechnet, nur damit nicht! Ein Junge, der keine Angst vor dem Wasser hatte und nicht unterging, das gab es nicht alle Tage. Die meisten Matrosen konnten in etwa so gut schwimmen wie ein Stein. Johanna schmunzelte, als Jan an Bord gehievt wurde und sie angrinste. Er hatte wohl gewusst, dass es hier gar keine Haie gab. Das war nur wieder so ein Ausdruck aus der Seemannssprache gewesen!

Am Abend lag Johanna in ihrer Hängematte und konnte nicht einschlafen. Der Tag war einfach zu aufregend gewesen. Zu viel ging ihr noch durch den Kopf. Hinter dem Ziegelofen war sie vor neugierigen Blicken sicher, und auch der Smutje mied diesen Bereich, sobald die Arbeit des Tages getan war. Er blieb in der Nähe seiner Hängematte und seiner persönlichen Sachen. Johanna war allein, so gut das an Bord eines Schiffes eben ging. Leise zog sie das Schilfrohr hervor und nahm das Pergament aus der schmalen Röhre. Vorsichtig faltete sie es auf und starrte auf die Zeichen. 21 Zeichen waren es, genau dieselben, die Jan in den Sand gezeichnet hatte. Die Gruppe mit den drei Symbolen jeweils in der Mitte erkannte Johanna sofort wieder. Dennoch starrte das Mädchen ratlos auf den Zettel und seufzte still.

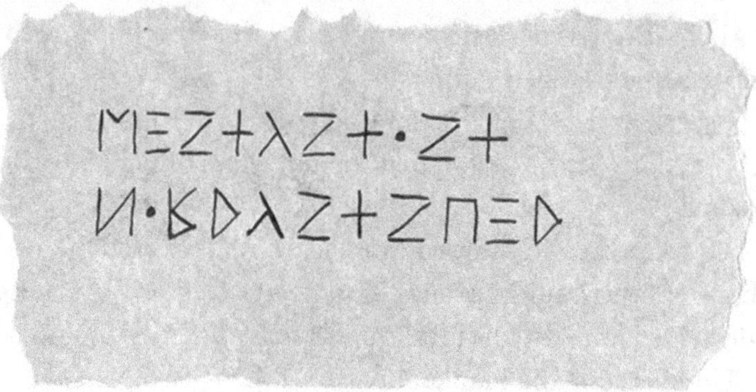

Diesmal war sie also nicht die Einzige, die Leseprobleme hatte. Nicht nur sie kämpfte mit den Schriftzeichen, auch der schlaue Jan hatte sie noch nicht entziffern können. Aber das war nur ein schwacher Trost. Was sollte ihnen diese seltsame Botschaft nützen? Johanna wusste nicht, wie wichtig dieses Rätsel war und dass noch jemand an Bord in diesem Augenblick versuchte, es zu lösen. Dieser Mann stand am Fenster in der Kapitänskajüte und war auch allein. In Wahrheit war er noch mehr als das. Er war einsam, weil ihm andere Menschen egal waren und er nur seine eigenen Ziele verfolgte.

Da drang auf einmal aus Heins Schlafecke eine wunderschöne Melodie an Johannas Ohren. Sie klang süß und pfeffrig zugleich, süß wie Zucker und scharf wie ... ja, wie was nur? Mal schmolzen die Töne zart dahin wie Schokolade, dann bissen sie in den Ohren, als hätte jemand Chilipulver hineingestreut, und Johanna schnappte nach Luft. Chili und Schokolade. Das war so ziemlich das Leckerste, was sie sich vorstellen konnte.

Aber eben drum hätte sich das Mädchen am liebsten die Ohren zugehalten. Diese Musik drang durch Mark und Bein. Sie war unwiderstehlich und ständig neu. Eben noch flog sie jubilierend empor wie ein Vogel, um kurz darauf in der Luft hängen zu bleiben wie eine randvoll mit Trauer gefüllte Wolke. Erst tropften, dann flossen und strömten die Töne in ihr Herz. Von dort scheuchte sie der Pulsschlag überall hin, bis in die Zehen- und Fingerspitzen. Selbst Johannas Kopfhaut prickelte. Das Mädchen lag ganz still. Vielleicht konnte sie damit verhindern, dass das Stück jemals wieder aufhörte. Solange sie sich nicht bewegte, würde es andauern.

Wie hatte sie nur vergessen können, wie schön Musik war?! Wie lange war es eigentlich her, dass sie welche gehört hatte? Auch wenn sie anders klang als zu Hause, mal kleiner und weicher als gewohnt, dann wieder lauter und als würden mehrere Töne gleichzeitig gespielt, so wusste sie dennoch sofort, dass es eine Geige war. So klang nur dieses einzigartige, zerbrechliche Instrument. Genauso hatte es sich angehört, wenn Papa spielte oder Lauras Geigenlehrerin. Oh, Laura! Papa! Mama! Nein, nur weg mit den Gedanken, weit weg! Nur nicht an zu Hause denken! Nur zuhören! Ja, das war das Beste, denn hier spielte ein Meister seines Fachs. Hein beherrschte sein Instrument und befahl ihm, sein Lied zu singen. Die Geige erzählte von ihm!

Johanna wurde wieder mitgerissen. Ihr war, als sei sie selbst eine Saite, die zu beben begann. Smutjes Zauberbogen brachte die Luft zum Schwingen und auch die Seele des Mädchens. Johannas Gefühle passten sich dem Tempo und der Stimmung der Musik an; sie überließ sich bereitwillig dem Lauf und der Klangfarbe der Melodie. Sie hätte bis ans Ende ihrer Tage zugehört. Konnte ein Pirat so herrliche Musik machen? War das überhaupt möglich?

O wie Oda

Schließlich hörte die Musik auf. Johanna wischte sich die Tränen ab und lugte vorsichtig aus ihrer Hängematte.

„Das war so schön", sagte sie ehrlich, als der allerletzte Ton auch in ihrem Kopf verklungen war.

„Danke", erwiderte der Schiffskoch überrascht. „Ich wusste nicht, dass du zuhörst. Ich dachte, du schläfst schon", entschuldigte er sich.

Vorsichtig packte der Smutje seine Geige ein. Er fasste sie so zart an, als wäre sie lebendig und man dürfte ihr nicht wehtun. Johanna bemerkte, dass das Instrument irgendwie anders aussah als die Geigen, die sie kannte. Die Proportionen waren ungewohnt. Bevor Hein den Kasten schloss, kam sie darauf: Der Hals war kürzer als bei Lauras Violine. Vielleicht kam davon der andere Klang.

„Du spielst wunderschön, aber auch so traurig", schob Johanna schüchtern nach.

Sie wollte nicht, dass Hein schon schlafen ging. Doch der Geiger blieb stumm. Er hängte den Instrumentenkoffer an einen Haken über seiner Hängematte. Da nahm das Mädchen allen Mut zusammen und fragte langsam:

„Bist du traurig?"

Der Smutje zögerte mit der Antwort. Aber dann gab er es zu.

„Ja, manchmal bin ich traurig." Er dachte nach und schüttelte sein Kopfkissen auf. „Die Melodien trösten mich, es ist, als ob sie die Traurigkeit mit forttragen. Aber das verstehst du vielleicht nicht."

Oh, doch! Johanna verstand. Besser, als Hein es sich vorstellen konnte. Und sie wagte noch eine Frage.

„Warum bist du traurig?"

„Das ist keine Geschichte für kleine Mädchen", sagte Hein ablehnend und bestimmt.

Johanna überlegte. Ihre Gedanken wanderten zurück nach Remsig. Nach einer Weile sprach sie weiter.

„Meine Mama hat immer gesagt, manche Kinder sind innen drin schon älter und größer, als sie von außen aussehen, weil ..., weil sie in ihrem Leben schon so schlimme Dinge erleben mussten, die eigentlich höchstens Erwachsenen passieren sollten."

Hein zog die rechte Augenbraue hoch. Das war die über dem gesunden Auge. Er räusperte sich.

„Das muss eine sehr kluge Mutter gewesen sein. Schön, dass du dich daran erinnern kannst", sagte er leise.

Oh, klang das etwa misstrauisch? Johanna schwieg. Sie war hin- und hergerissen. Sollte sie Hein erklären, dass ihre Mutter noch lebte, nur nicht hier, nicht in dieser Welt? Würde er ihr glauben? Vermutlich nicht. Doch Hein redete schon weiter. Seine Stimme schien von weit her zu kommen, aus dem Land der Erinnerung. Sie nahm Johannas Gedanken mit in die Vergangenheit.

„Meine kleine Oda kam mir auch auf einmal groß und fast erwachsen vor ... kurz bevor ... bevor ..."

Er konnte das Wort nicht aussprechen, aber Johanna wusste auch so, was geschehen sein musste.

„Du hattest eine Tochter?“, fragte sie leise.

Hein nickte, mehr für sich selbst, denn Johanna hatte sich wieder zurückgelehnt und konnte ihn gar nicht sehen. So sprach es sich leichter.

„Sie wäre jetzt etwa so alt wie du, deshalb erinnerst du mich ein wenig an sie.“

Johanna musste schlucken. Ob er deswegen so freundlich und nett zu ihr war? Fast wie ...? Er vermisste seine Tochter wohl genauso wie sie ihren Papa.

„Was ist passiert?“, flüsterte sie.

Der Smutje holte tief Luft, antwortete aber nicht. Gerade wollte sie sich für die Frage entschuldigen, da begann Hein zu erzählen.

„Wir fuhren auf einem Schiff. Einem schönen und stolzen Schiff. Es war größer als dieses. Viele Menschen hatten Platz darauf, und alle wollten in die neue Welt segeln.“

Johanna hatte keine Ahnung, wo diese neue Welt war, von der er sprach, aber sie wollte ihn nicht unterbrechen. Nicht jetzt, wenn endlich die Wörter aus ihm herauskamen, ohne dass sie fragen musste.

„Wir fühlten uns wie Könige. Wir waren arm, aber in uns trugen wir reichlich Hoffnung: die Hoffnung auf eine goldene Zukunft. Wir waren angespannt und aufgeregt, aber glücklich. Noch ahnten wir nicht, wie vielen die Reise den Tod bringen würde. Selbst wenn ich damals schon gewusst hätte, was ich heute weiß, hätte ich sie nicht retten können. Es war ein aussichtsloser, ein von Anfang an verlorener Kampf.“ Hein dachte eine Weile nach. „Nach einigen Wochen an Bord brach die furchtbare Seefahrerkrankheit aus. Auch Oda und später Peetje, meine Frau, erkrankten.“

Wieder machte Hein eine Pause. Seine Stimme zitterte, als es ihm endlich gelang weiterzusprechen.

„Beide haben es nicht überlebt. Ich wurde fast wahnsinnig vor Wut und vor Trauer."

Oh, wie gut konnte Johanna Hein verstehen. Sie war auch so wütend gewesen. Aber ihre Wut hatte Papa nicht zurückgebracht. Armer Hein, wie traurig musste er sein! Fast wäre sie zu ihm gelaufen, um ihn in den Arm zu nehmen. Sie hatte wenigstens noch ihre Mama. Und Oma und Opa. Der arme Smutje hatte seine ganze Familie verloren.

„Verzweiflung und Zorn wechselten sich ab wie Tag und Nacht. Ich war unfähig zu essen oder zu trinken. Wie ein Schiff dem Sturm war ich meinen Gefühlen ausgeliefert und spürte doch nichts. Mein Körper war kalt und taub. Da wurden wir plötzlich von Piraten überfallen."

Johannas Gedanken kehrten mit ihm zurück in die Vergangenheit, und sie lauschte weiter.

„Es war der Schwarze Piet. Er kam mir gerade recht. Endlich konnte ich etwas tun. Ich stürzte mich in den Kampf, ohne kämpfen zu können. Ich wehrte mich und wünschte mir doch den Tod, der den Schmerz und die Wut beenden würde."

Er lachte auf einmal auf. Doch es war ein bitteres Lachen und hatte nichts mit Fröhlichkeit zu tun.

„Aber es sollte anders kommen. Ein großer Pirat stand vor mir und hob seine Waffe. Instinktiv wich ich aus, anstatt einfach stehen zu bleiben. Mein Körper wollte nicht sterben, egal, was mein Verstand ihm befahl, und so traf der Säbelhieb, der mich töten sollte, nur mein linkes Auge. Das dumme, schmerzende Herz schlug einfach weiter." Er seufzte kurz. „Die Piraten nahmen mich und andere noch gesunde Männer gefangen.

Niemand war bereit, mich zu töten, obwohl ich darum bettelte. Sie banden mich einfach für die ersten Tage an den Mastbaum. So saß ich auf der Seekatze fest und schloss mich schließlich ihrer Mannschaft an, um eben im nächsten Gefecht als einer der ihren zu sterben.

Ich hoffte, auf diese Weise am schnellsten ans Ziel zu kommen. Doch so leicht bekam ich keine neue Gelegenheit, denn erst segelten wir zurück zum Donnerfelsen. Es war schon Herbst, und weitere Fahrten gab es wegen der Stürme nicht." Heins Stimme wurde sanfter. „Die sichtbare Wunde, mein verletztes Gesicht, heilte langsam, auch wenn das Auge blind blieb. Ich spürte wieder Hunger und Durst. Und obwohl ich es nicht für möglich gehalten hatte, veränderte sich mit der Zeit sogar der Schmerz in mir drin."

Johanna nickte und merkte es nicht. Aber sie wusste, dass das möglich war. Sie hatte dasselbe erlebt.

„Durch die Ruhe in diesem kleinen Küstenort, der für die Menschen dort wie ein großes Gefängnis ist, durch das einfache Leben mit den Handwerkern und Bauern kam ich allmählich wieder zu mir. Meine Wut war noch da, aber sie richtete sich nicht länger gegen mich selbst. Auf einmal fand sie ein neues Ziel, einen neuen Gegner." Nachdenklich machte er eine kurze Pause. „Genau weiß ich eigentlich gar nicht mehr, wie es kam, aber wenn ich zurückblicke, kommt es mir vor wie eine Art Vergeltung. Ich fing an, mich zu rächen für mein Leid. Ja, ich glaube, ich wollte Rache nehmen, indem ich versuchte, möglichst viele Menschen wieder gesund zu machen.

Es klingt vielleicht seltsam. Doch die verschiedenen Krankheiten und Verletzungen interessierten und faszinierten mich. Warum heilen gewisse Wunden von allein und andere nicht? Was fördert die Heilung, und was macht die Krankheit schlimmer? Warum besiegen manche Menschen die Krankheit und andere nicht? Diese Fragen ließen mir keine Ruhe. Ich wollte es ganz genau wissen und setzte mir in den Kopf, so viel wie möglich darüber zu lernen.

Als die Seekatze das nächste Mal auslief, war ich so besessen von diesen Gedanken, dass ich dem Schwarzen vorschlug, mich diesmal als Smutje und Wundarzt mitzunehmen, um meine Nachforschungen und Experimente beschleunigen zu können. Denn mein wahres Ziel war es, ein Mittel gegen die Seefahrerkrankheit zu finden. Der Schwarze ließ sich tatsächlich darauf ein." In Gedanken immer noch verblüfft schüttelte Hein den Kopf. „Völlig mit mir selbst und meinem eigenen Kampf beschäftigt, verdrängte ich, wie sehr die Seekatze mit ihrer Besatzung und den ständigen Kaperfahrten auch den Menschen am Donnerfelsen schadet. Sie rauben sie aus und unterdrücken sie. Aber ich wollte lange nicht sehen, dass sie auch dort nur Angst und Schrecken verbreiten." Das Mädchen in der Hängematte konnte seiner Stimme anhören, wie sehr er das bedauerte. „Und eines Tages, auf einer sehr langen Fahrt, fand ich endlich die Lösung."

Johanna traute sich jetzt fast nicht mehr zu atmen.

„Owe Holzbein, Rick und Oke, die gerne dem Rum zusprechen, bekamen zuerst die Seefahrerkrankheit oder auch Skorbut, wie manche Menschen es nennen."

Als Hein dieses seltsame fremde Wort erwähnte, klingelte etwas in Johannas Kopf. *Das habe ich doch schon mal gehört! Aber wo nur?* Oh, jetzt hatte sie die nächsten Sätze verpasst. Was erzählte Hein von Versuchen? Sie zwang sich, wieder besser zuzuhören.

„Ich wählte acht kranke Männer aus und gab je zwei von ihnen dieselbe Medizin oder Flüssigkeit zu trinken. Darunter war der Weidenrindentee, der Schmerzen lindert, Essigsäure und Sauerkrautsaft."

Johanna verzog das Gesicht, aber Heins Stimme klang begeistert.

„Anfangs konnte ich es selbst kaum glauben, aber den beiden Männern, die mehrmals am Tag Sauerkrautsaft bekamen, ging es besser als den anderen. Ich weiß bis heute nicht, warum, aber ich weiß, dass sie sich rasch erholten und die Anzeichen der Krankheit verschwanden!"

Hein schüttelte schon wieder den Kopf, als sei er auch darüber immer noch verwundert. *Ach, deswegen ist dir das stinkige Sauerkraut so wichtig!* Johanna ging nicht nur ein Licht, sondern ein ganzer Weihnachtsbaum auf, und neugierig fragte sie:

„Was genau ist denn dieses Skorbut? Wie sieht das aus?"

Hein lächelte wehmütig. Er stand immer noch bei seinem Geigenkasten. Nun setzte er sich an den Tisch.

„Ja, wie sieht das aus?", wiederholte er Johannas Frage, bevor er sie beantwortete. „Der Skorbut beginnt wie so viele andere Krankheiten auch. Man fühlt sich müde und schlapp, bekommt Fieber oder Durchfall, vielleicht Husten. Das kann eine ganze Weile so gehen, über mehrere Wochen, und man ist nie richtig gesund. Dann kommen Schmerzen in den Gelenken dazu und oft auch Schwindel."

In Johanna stieg plötzlich eine unheimliche Ahnung auf. Ihr Herz pochte in ihren Ohren, doch ihr Verstand war klar.

„Zum Schluss verändert sich ..."

„... die Haut?", unterbrach sie Hein und wusste schon, dass der Smutje zustimmen würde.

Überrascht bestätigte er Johannas Vermutung.

„Ja, es entstehen seltsame Flecken, und im Mund blutet es, bevor schließlich die Zähne ausfallen. Woher weißt du das? Hattet ihr die Krankheit auch auf eurem Schiff? Erinnerst du dich daran?", fragte er neugierig.

„Emily!", stöhnte das Mädchen nur.

„Emily?", wiederholte Hein, „Annas Tochter?"

Johanna nickte lahm und fragte mit dünner Stimme:

„Kann man diese Krankheit auch an Land bekommen?"

Der Smutje wiegte den Kopf hin und her.

„Ja, ich glaube schon. Manchmal, wenn der Winter sehr lange dauerte, dachte ich auch schon öfter, erste Anzeichen zu sehen. Aber sie waren nie so ausgeprägt und verschwanden schnell, wenn es Frühling wurde und es wieder genug frisches ... Gemüse ..." Beschämt stockte er mitten im Satz.

„Das hat der Schwarze uns dauernd weggenommen!", empörte sich Johanna. Sie war wütend, schöpfte aber neue Hoffnung. „Das heißt doch, wir könnten Emily helfen, wenn sie Sauerkrautsaft bekäme, oder nicht?"

„Wenn ich nur nicht so viel an mich gedacht hätte", bereute Hein. Er hörte sich an, als sei er selber krank. „Die arme Anna weiß nichts von der Heilkraft, und selbst wenn sie von allein auf die Idee käme, sie hat keinen Saft."

Johannas Hoffnung erlosch. Sie konnte nichts mehr sagen. Hein stand auf und kam leise zu ihr. Seine Hände fassten an den Rand ihrer Hängematte.

„Es tut mir so leid für Anna und Emily, Johanna", bedauerte er und zog die Hände zurück, als hätte er etwas Verbotenes getan. „Ich verspreche dir, ab heute werde ich versuchen, uns alle so schnell wie möglich zum Donnerfelsen zurückzubringen. Ich

war lange genug blind vor Wut. Jetzt mache ich die Augen auf und tue das Richtige! Der Schwarze treibt schon viel zu lange sein Unwesen."

Diesen Entschluss verkündete der Smutje so zuversichtlich, als bestünde überhaupt kein Zweifel daran, dass sie schon bald am Donnerfelsen sein würden. Dabei segelten sie in die entgegengesetzte Richtung, und er befürchtete, dass die Vorräte längst aufgebraucht sein könnten, wenn sie zurückkehrten. Doch diese Sorge wollte er für sich behalten. Ebenso wenig erwähnte er die Tatsache, dass Anna und ihre Kinder nicht nur Johanna sehr am Herzen lagen. Hein korrigierte nur einen seiner Sätze:

„Ich wollte sagen: Ich mache *das* Auge auf", scherzte er, bevor er zu seiner Hängematte ging, und Johanna musste tatsächlich kichern.

P wie Piratengeschichte

„Land in Sicht! Alle Mann an Deck! Land in Sicht!“, erscholl der Ruf des Matrosen im Ausguck. Es war wie meistens der dünne Tem, und er schrie aus Leibeskräften. „Jirsey voraus!“

Die Seekatze hatte die vollmondhelle Nacht mit ihrer leichten Brise zum Segeln nutzen können. Es war noch nicht ganz hell, doch die Nebel lichteten sich schon, was einen sonnigen Tag versprach. Im Nu erwachte das Leben auf dem Schiff. Jeder wollte einen Blick auf die schöne grüne Insel werfen.

„Viereinhalb Faden Tiefe“, brüllte Enno.

Der Maat hielt die Logleine in der Hand. Es gab nur wenig Strömung, und das Schiff glitt langsam über den beinah unbewegten Wasserspiegel. Fast alle Matrosen standen jetzt an Deck. Ihre Gesichter strahlten. Die meisten von ihnen stimmte die Aussicht auf frisches Wasser und Lebensmittel froh. Was ein recht unschuldiger Anlass zur Freude ist, wenn man bei Piraten überhaupt von Unschuld sprechen kann. Doch drei der Männer verfolgten andere Ziele: Gier nach Gold und Reichtum trieb sie an. Die Hoffnung auf einen Schatz, der zum Greifen nah war, versetzte ihre Herzen in gehobene Stimmung. Für das menschliche Auge, das nur auf das Äußere sieht, gab es jedoch keinen Unterschied zu erkennen. Alle arbeiteten flink Hand in Hand, um die Seekatze zügig und sicher in die kleine Bucht im Nordosten Jirseys zu manövrieren.

„Anker werfen!“, befahl der Schwarze Piet schließlich, und die Matrosen schlangen hastig ihr Frühstück hinunter. Sie brannten darauf, die Beiboote zu besetzen und an Land zu rudern.

„Smutje, du bleibst mit den Bälgern an Bord!“

Hein nickte und versuchte, grimmig auszusehen.

„Rick, du ebenfalls. Gib einen Schuss ab, wenn andere Schiffe sich nähern, und halt dich vom Rumfass fern. Sonst endest du noch bei den Fischen“, drohte der Kapitän. Dann teilte er die restlichen Männer ein. „Wir gehen in drei Richtungen. Klaas führt seine Männer nach Süden. Oke, Wilke und Sierk gehen unter Ennos Kommando nach Südwesten, ich selbst nehme mir mit Owe und Melf den Südosten vor. Wenn die Sonne senkrecht am Himmel steht, sind wir alle wieder zurück.“

Nur eine Handvoll Matrosen nickten nicht. Sie blickten heimlich zum Steuermann. Warum gingen nur zwei mit dem Schwarzen? Klaas kniff argwöhnisch die Augen zusammen. *Was geht nur im Kopf des Schwarzen vor? Holzbein ist ein wenig zu oft in seiner Nähe,* dachte er. Doch noch gab es Matrosen an Bord, auf die er zählen konnte. Also hielt er den Mund und wartete ab.

Kaum hatten sie ihren Fuß auf festen Boden gesetzt, zerstreuten sich die Piratengruppen in die verschiedenen Himmelsrichtungen. Die Zurückgebliebenen sahen ihnen nach und atmeten auf. Als sie hinter den ersten Bäumen verschwunden waren, nahm Rick den ersten Schluck Rum zur Stärkung und um richtig wach zu werden. Die Sonne war noch lange nicht im Zenit, da nahm er den vorerst letzten Schluck, um einzuschlafen. Bald ließ sein Schnarchen die Planken vibrieren. Darauf hatten sie alle nur gewartet. Johanna lächelte Jan zu, der neben Hein stand.

„Es gibt gute Neuigkeiten!“, verkündete sie. „Hein ist jetzt auf unserer Seite. Er wird uns nicht an den Schwarzen verraten!“

Jan guckte erst erschrocken, dann überrascht von einem zum anderen. Der Smutje sah ihm offen ins Gesicht.

„Dass du mir vertrauen kannst, weißt du hoffentlich noch, junger Mann. Oder?"

Jan nickte. Oft genug hatte der Koch ihm heimlich ein Stück Fleisch zugesteckt oder ihn mit dem Tee, der Schmerzen lindern konnte, versorgt. Schmerzen, an denen der Schwarze schuld war.

„Du warst immer anständig zu mir und hast getan, was du konntest", bestätigte er. „Das habe ich nicht vergessen und ... das werde ich nie vergessen."

„Trotzdem hätte ich längst viel mehr tun müssen. Es tut mir leid", entschuldigte sich Hein kurz und knapp.

Mehr sagte er zu der Vergangenheit nicht. Er war kein Mann vieler Worte. Er wollte Taten sprechen lassen.

„Vielleicht sollten wir die Zeit nutzen, in der dieser Säufer nichts mitbekommt", sagte der Smutje grinsend. „Johanna hat gesagt, ihr sucht etwas in der Kapitänskajüte?"

„Hat sie das?", fragte Jan und blickte zu Johanna.

„Hab ich", bestätigte sie immer noch lächelnd.

„Gut, dann sind wir also schon drei, die so schnell wie möglich zum Donnerfelsen zurückwollen?", vergewisserte sich der Junge.

Hein hob seine Hände wie zu einem beidhändigen Schwur.

„Wie kann ich euch helfen?"

„Falls du eine Idee hast, wie wir da hineinkommen, wo wir suchen wollen, wäre das ein guter Anfang." Nun gingen auch Jans Mundwinkel nach oben. „Die Tür ist jetzt leider immer abgeschlossen."

Hein grinste immer noch, und sein eines Auge grinste mit. Er zog einen Schlüssel aus der Hose und hielt ihn hoch.

„Den hier habe ich mir schon vor einiger Zeit anfertigen lassen. Ich dachte, es würde nicht schaden."

Jan konnte sein Glück kaum fassen. Der Smutje war Gold wert!

„Worauf warten wir noch?", fragte er begeistert.

Kurze Zeit später betraten die Kinder gemeinsam die Kammer des Schwarzen, um nach dem Lesebuch zu suchen. Bei Tageslicht konnte man deutlich besser sehen als bei Nacht. Es war ein seltsames Gefühl, wieder hier zu sein. Zu genau erinnerten sich beide noch an den ersten missglückten Versuch, auf den ihre Gefangennahme und die ungemütliche, kurze Nacht auf dem Fußboden gefolgt waren. Johanna bemühte sich, tief ein- und auszuatmen, um locker zu bleiben. Diesmal konnte der Schwarze sie nicht erwischen. Er war weit genug weg. Als Letzter kam auch Hein hinein und blieb in der Tür stehen.

„Donnerwetter, ich wusste gar nicht, dass wir so viele Karten und Pergamente an Bord haben", staunte er.

Jan sagte nichts. Seine Augen überflogen den Raum. Nicht nur der Schreibtisch, auch der Kartentisch in der Mitte war mit aufgeschlagenen Büchern besät und mit Dokumenten in mehreren Schichten bedeckt. Wie behielt der, der es lesen wollte, da bloß den Überblick? Schränke und Schubladen waren geschlossen, die Vorhänge am Bett zugezogen. Dadurch wirkte der Raum trotzdem ordentlich. Jan trat an den ersten Tisch und studierte aufmerksam die oberste Karte. Er tippte mit dem Finger auf den Umriss einer Insel.

„Hier, das ist Jirsey. Der Name steht drauf, und die Insel hat die gleiche Form wie die auf dem Pergament."

Johanna stellte sich neben ihn und betrachtete den sorgfältig gezeichneten Umriss des Eilandes.

„Stimmt!“, sagte sie.

„Wonach suchen wir genau?“, fragte Hein zögernd. *Jirsey?*, schoss es ihm durch den Kopf und: ‚*Der Name steht drauf*‘? *Kann der verrückte Bengel etwa lesen?!*

Johanna sah erst zu Jan, dann zu dem Erwachsenen. Sie glaubte zu wissen, was er dachte.

„Nach einem Buch, genauer gesagt, nach *meinem* Buch“, sagte sie grinsend.

„Du hast ein Buch? Kannst du das denn lesen?!“, fragte Hein, und Johanna wusste, dass sie mit ihrer Vermutung recht gehabt hatte.

„Ja“, lachte sie, „und Jan kann es auch.“

Dem Smutje waren die Worte auf einmal abhandengekommen. Er schwieg beeindruckt und wartete auf weitere Anweisungen der Kinder.

„Wir müssen alles genauso wieder hinlegen, wie es jetzt ist, damit der Schwarze keinen Verdacht schöpft“, mahnte Jan. „Und wir müssen uns beeilen. Ich mag nicht noch einmal von Piet überrascht werden.“

Rasch, aber vorsichtig suchten die drei die Kajüte ab. Hein begann am Bett und Jan am Schreibtisch. Johanna untersuchte zuerst den Kartenberg auf dem Tisch in der Mitte. Sorgfältig achtete sie darauf, nichts durcheinanderzubringen. Dann gingen die Kinder die Wandschränke durch, und der Einäugige klopfte die Planken im Fußboden ab. Ebenfalls nichts! Ratlos sahen sie sich an.

„Wir haben alles abgesucht, oder?“, fragte Johanna nach einer Weile.

„Es muss hier sein. Er wird es nicht mit an Land genommen haben“, behauptete Jan.

So fingen sie mit der Suche einfach noch einmal von vorn an und tauschten die Plätze. Diesmal begann Johanna am Bett und Jan am Schreibtisch. Vielleicht hatten sie nur etwas übersehen.

„Sieh mal einer an!", sagte Hein auf einmal und wies mit einer Hand auf das massive Fußende des Bettes. In den Holzverzierungen zeigte sich bei genauem Hinsehen eine dunkle Vertiefung.

„Ein Schlüsselloch!", rief Jan aus. „Doch wo ist der Schlüssel?"

„Vielleicht hat er ihn mitgenommen?", überlegte Johanna laut. Vor Aufregung knetete sie ihre Unterlippe. Sie waren schon ganz schön lange hier drin, und sie hatte jegliches Zeitgefühl verloren.

„Vielleicht ist er aber auch hier! So kurz vor dem Ziel gebe ich nicht auf. Mit Sicherheit ist das Buch da drin. Was soll da sonst drin sein?"

Johanna fiel einiges ein, das man in einem Tresor aufbewahren konnte, aber sie sparte sich das.

„Wo könnte man hier einen Schlüssel verstecken?", fragte sie stattdessen. „Wir haben doch alles abgesucht. Ein Schlüssel ist uns nicht aufgefallen."

„Nein."

Der Junge setzte sich auf den Boden und starrte vor sich hin. Dann streckte er sich aus und verschränkte die Arme unter dem Kopf, den Blick zur Decke gerichtet. Nach ein paar Sekunden wandte er den Kopf nach links zum Fenster. Von dort wanderte sein Blick weiter nach unten und blieb am Tisch hängen. Genauer gesagt fiel sein Blick unter den Tisch. Er stutzte. Was war das? Ein kleines Kästchen aus Metall? Warum hing es unter der Tischplatte und fiel nicht herunter? Jan streckte den linken Arm aus und fasste nach dem seltsamen Ding. Es ließ sich mit einem kleinen Ruck vom Tisch lösen. Hein sah unter den Tisch und pfiff anerkennend.

„Ein Magneteisenstein ... eingelassen in das Holz!“

„Magneteisenstein?“, fragte Johanna. „Was ist das?“

„Ein Stein, der Metall anzieht“, klärte der Smutje sie auf.

Jan schüttelte die Dose. Es klapperte. Gespannt öffnete er den Kasten. Ein winziger Schlüssel kam zum Vorschein. Der Junge hielt ihn Hein hin. Der Einäugige nahm ihn vorsichtig heraus und steckte ihn in die Vertiefung des Geheimfachs am Bett. Er musste nicht lange probieren. Das Türchen ließ sich leicht öffnen und gab bereitwillig den Blick in das Innere frei.

„Mein Buch!“, jubelte Johanna.

Sie nahm es heraus und drückte es kurz an sich. Dann schlug sie es auf. Hein sah ihr interessiert über die Schulter.

„Das sieht ganz anders aus als alle Bücher, die ich je gesehen habe“, wunderte er sich. „Wie hat man denn die Bilder gemacht? Es sieht nicht aus wie gemalt!“

Vorsichtig berührte er die Seite.

„Ja, Johannas Heimat muss weit entfernt sein, wenn es da so seltsame Dinge gibt!“, erklärte Jan.

Er sah Johanna prüfend ins Gesicht, und das Mädchen nickte ihm aufmunternd zu. Sollte er Hein ruhig wieder eine seiner Lügengeschichten erzählen. Sie hatte Besseres zu tun. Johanna schlug die letzten Seiten mit der verhassten Piratengeschichte auf. Während sie nach einem bestimmten Wort suchte, log Jan das Blaue vom Himmel herunter.

„... und nur ihr Buch hat sie retten können, als das Schiff sank. Es ist das Einzige, was ihr von zu Hause geblieben ist“, schloss er.

Hein runzelte zwar mehrmals die Stirn, schien aber geneigt, ihm zu glauben, weil das seltsame Buch zu der noch seltsameren Geschichte passte. Solche Bilder hatte er noch nie gesehen! Und

er hatte schon einige Bücher in den Händen gehalten, auch wenn er nicht lesen konnte.

„Na ja“, gab er zu bedenken, „es sieht aber nicht aus, als wenn es richtig nass gewesen wäre.“

In diesem Moment jauchzte Johanna auf einmal laut auf, und Jan musste nichts mehr erklären.

„Ha! Hier ist das seltsame Wort. Ich wusste, ich hatte es schon einmal gehört!“

Triumphierend tippte sie auf ein paar Buchstaben. Anscheinend hatte sie alles um sich herum vergessen.

„Welches Wort?“, fragte Jan froh über die Ablenkung und blickte gespannt in das Lesebuch.

„S-k-o-r-b-u-t“, las Johanna einwandfrei. „Ich war mir sicher, in dem Kapitel wird die Seefahrerkrankheit erwähnt, und es ist auch von einem Heilmittel die Rede.“

„Ein Heilmittel?!“

Hein sah aus, als hätte er einen elektrischen Schlag bekommen. Er verschlang Johannas Finger mit den Augen. Aber der Finger sagte ihm nicht, was dort stand.

„Warum interessiert dich das plötzlich?“, fragte Jan.

Er verstand Johanna nicht. Warum hielt sie sich jetzt mit Lesen auf? Sollten sie die Kajüte nicht lieber so schnell wie möglich verlassen? Aber Johanna las schon wieder weiter. Sie reagierte nicht. Hein versuchte, es Jan zu erklären.

„Sie interessiert sich so dafür, weil sie deine Schwester sehr mag und ...“

„Was hat das mit meiner Schwester zu tun?“, unterbrach Jan ihn ungeduldig.

„Jetzt hör mir doch erst mal zu, ja, Jan?!“

„Ich höre.“

Hein schluckte und versuchte, Jan möglichst schonend ihre Vermutung mitzuteilen.

„Nun, sie befürchtet ... also, es könnte sein, dass Emily sehr krank ist. Es könnte sein, dass sie Skorbut hat", sagte er langsam.

„Aber das kann doch nicht sein. Sie ist doch an Land!"

Jan war blass geworden. Er sah wieder auf das Buch, in dem Johanna las. Seine Augen wanderten unruhig auf dem Text der Piratengeschichte hin und her. Die Buchstaben verschwammen ihm vor den Augen. Hein legte ihm eine Hand auf die Schulter.

„Das spielt keine Rolle", sagte er, und seine Stimme verriet, dass er mit Jan litt. „Ich denke, man kann es auch an Land bekommen, und die Anzeichen sprechen leider alle dafür."

Meine kleine Schwester! Sie soll krank sein? Sie ist doch immer krank. Viel zu oft, aber jetzt vielleicht tödlich krank?

„Ich muss zu ihr! Wie viel Zeit haben wir noch?", fragte Jan und umklammerte Heins Arm. Der guckte nachdenklich.

„Das hängt davon ab, wie lange sie schon krank ist", sagte er betrübt.

„Schon eine ganze Weile", gab Jan zu. Da musste er nicht lange überlegen.

„Dann könnte es knapp werden."

Jan ließ Hein los und drehte sich wieder zu Johanna.

„Nun sag doch schon! Was steht denn da?!"

Am liebsten hätte er dem Mädchen das Buch weggerissen. Aber Johanna hatte endlich gefunden, wonach sie gesucht hatte. Und das, obwohl sie früher nicht einmal hatte verstehen können, worum es in der Geschichte ging! Ihr Finger tippte auf eine Zeichnung. Sie zeigte einen silbrigen Busch mit orange-roten Beeren. Johanna las die Bildunterschrift vor:

„Sanddorn – die Zitrone des Nordens."

„Das sind Dünenbeeren", erkannte Hein die Strauchpflanze.

„Ja", sagte Johanna, „hier steht, dass sie ganz viel Vitamin C enthalten, und das heilt die Seefahrerkrankheit genauso wie der Sauerkrautsaft. Nur für den Fall, dass wir nicht mehr genug übrig haben, wenn wir zum Donnerfelsen kommen."

„Sie wachsen überall bei den Gärten", warf Jan ein.

„Genau", sagte sie und nickte.

„Vitamin C? Was ist das?", wollte Hein wissen.

Johanna dachte nach. Was sagte Mama dauernd? Du musst mehr Vitamine essen?

„Ich glaube, das ist etwas, das unser Körper zum Leben braucht", antwortete sie. „Man kann es nicht sehen, aber es ist im Essen drin. Besonders in dem, was die Kinder in meiner We... äh, Heimat, im Osten, nicht so gerne mögen. Obst und Gemüse", fing sie sich gerade noch rechtzeitig.

Hein und Jan guckten verwirrt. Wie konnte jemand Obst und Gemüse nicht mögen?!

„Wenn man zu wenig davon hat, wird man krank. Vielleicht ist Skorbut so etwas wie Hunger nach Vitamin C", mutmaßte das Mädchen.

„Das klingt neu, aber gut", stimmte Hein zu.

Draußen stieg die Sonne immer höher, und es wurde wärmer. Die Aussicht, eine Krankheit mit Beeren heilen zu können, faszinierte alle drei gleichermaßen. Sie steckten ihre Nasen so tief in das Lesebuch, dass sie furchtbar zusammenschraken, als plötzlich ein Schatten auf sie fiel. Hein erkannte Rick zuerst. Er schwankte gerade auf die offene Tür zu.

„Wasch macht ihr denn in der Kapitänschkajüdde?", lallte er und sah verwundert auf die Pistole in seiner Hand, als wüsste er nicht, wie die dahin geraten war.

R wie Rick

Der Schwarze schimpfte und fluchte vor sich hin. Er hielt die Schatzkarte ausgerollt vor seiner Brust.

„Ich werde noch verrückt! Nichts passt zusammen."

„Etwa schon wieder die falsche Insel?"

Das war Owe Holzbein, und er klang misstrauisch.

„Wehe, du verschaukelst uns!"

Der Kapitän richtete sich auf und ging drohend ein paar Schritte auf ihn zu.

„Wie soll ich euch verschaukeln? Ich stehe hier genauso dämlich rum wie ihr!" Er wedelte mit dem Pergament vor Owes Gesicht herum. „Aber bitte! Du kannst gerne noch mal einen Blick darauf werfen. Vielleicht kannst du besser lesen als ich."

Holzbein nahm das Papier. „Ich kann überhaupt nicht lesen. Keiner von uns beiden, und das weißt du auch! Aber ich sehe, dass da Zahlen sind und Himmelsrichtungen." Auch Owes Ton verschärfte sich. „Und ich kann mit einem Kompass umgehen. Dafür fahre ich lange genug zur See." Er hielt dem Schwarzen den Kompass unter die Nase. „Und diese Zahlen stimmen überhaupt nicht!" Wütend schleuderte er die Karte von sich. „Hör gut zu, wir haben keine Lust, einem Phantom nachzujagen, einem Hirngespinst! Dann holen wir uns lieber unsere Beute von den Handelsschiffen. Aber du lässt sie in letzter Zeit ja lieber vorbeifahren." Er spuckte aus. Melf murmelte Zustimmung.

„Ihr glaubt wohl, ich mache mir in die Hose, was?“ Der Kapitän bückte sich und hob die Zeichnung auf. „Die Zahlen stimmen. Aber sie passen nicht hierher!“, sagte er nachdenklich. Dann richtete er sich wieder an seine Mitwisser. „Dieser Schatz ist viel mehr wert als die Ladung von zwanzig Handelsschiffen! Er bedeutet unermesslichen Reichtum! Unermesslich!“ Er sprach, als wolle er einen wütenden Hund beruhigen, und tippte eifrig auf die Karte. „Glaubt mir, diese Insel hier ist eindeutig Jirsey! Ich habe es mit allen Seekarten verglichen.“

„Ach ja? Dann fang du doch an zu graben!“

Owe schmiss die Schaufel weg. Doch der Schwarze reagierte darauf nicht. Er dachte laut weiter.

„Ich habe nur irgendetwas übersehen. Irgendwo ist der Wurm drin. Gebt mir noch einen Tag, einen einzigen!“, versuchte der Kapitän, Zeit zu gewinnen. Die Zeit, die er brauchte, um das Rätsel zu lösen. „Lasst uns auf Jirsey übernachten und in Ruhe die Vorräte auffüllen! Morgen versuchen wir es noch ein letztes Mal“, schlug er vor.

„Jawohl!“ Melf war als Erster einverstanden. „Noch ein letzter Versuch! Und jetzt machen wir das, was die anderen auch tun: nach Trinkwasser und Früchten suchen und auf die Jagd gehen. Sonst kommt noch jemand auf dumme Gedanken.“

Er nahm einen Pfeil und legte ihn an den Bogen. Piet nickte, als könnte er auch Owe dadurch überzeugen. Doch Holzbein schüttelte missmutig den Kopf.

„Eher finden wir eine Nadel im Heuhaufen“, unkte er.

Den dreien in der Kapitänskajüte gefror das Blut in den Adern. Rick war aus seinem Rausch aufgewacht und hatte sie erwischt! Johanna und Jan rührten sich nicht, aber Hein reagierte wie ein

Schauspieler, der auf der Bühne improvisieren muss, weil er seinen Text vergessen hat. Er begann, augenblicklich zu torkeln und zu lallen und wankte auf Rick zu.

„Isch haabe hier den Schlüschel schum besondersch feinen Rum geholt." Zum Beweis zog er einen Kombüsenschlüssel aus der Jacke. „Komm mit! Den gönnen wir unsch jetscht schuschammen! Warum scholl immer nur der Schwarze dasch Beschte haben, hä?"

Er umarmte den Betrunkenen. Ricks Gesicht erhellte sich, als er das Wort *Rum* hörte. Er ließ sich leicht übertölpeln und zog mit dem Smutje in Richtung Kombüse ab.

„Mir ist fast das Herz stehen geblieben!", japste Johanna, als die Männer verschwunden waren. Ihr Herz schlug so heftig, als müsse es die verlorenen Schläge nachholen. „Das war echt knapp", sagte sie prustend und klappte das Lesebuch zu.

Sie verließen die Kajüte, und Jan schloss die Tür mit Heins Schlüssel ab. Draußen blinzelten sie in das Sonnenlicht. Dann suchten sie mit den Augen den Strand ab. Von den Matrosen war weder etwas zu sehen noch zu hören. Johanna schloss die Augen und genoss die Wärme der Sonnenstrahlen. Eine Hand legte sie auf ihr immer noch pochendes Herz. Dabei spürte sie das harte Schilfrohr unter ihren Fingern. Sie öffnete die Augen und reichte Jan das Lesebuch. Dann holte Johanna das Röhrchen unter ihrer Bluse hervor und zog den Zettel mit der Geheimschrift heraus.

„Hier, dein Blatt mit den Symbolen. Ich habe mein Bestes versucht. Aber es ist mit diesen Zeichen wie früher mit den Buchstaben, bevor ich hierher zu dir und Emily kam und wir zusammen lesen gelernt haben. Sie wirbeln in meinem Kopf durcheinander wie Blätter im Wind", seufzte sie.

Und um zu zeigen, wie es wirbelte, hielt sie das Papier über ihren Kopf und drehte und wendete es. Jan schaute ihr nachdenklich zu. Er stand hinter ihr, und die Sonne schien durch das Pergament. Auf einmal rief er:

„Halt!"

Johanna stoppte erschrocken. Ihre Finger zitterten, doch sie hielt die Hände immer noch hoch in der Luft.

„Jetzt mach das noch einmal, aber langsam!", forderte Jan.

Johanna wiederholte die Bewegungen, bis Jan sie erneut stoppte. „Warte! Ich kann die Zeichen lesen!"

Vor Aufregung flüsterte der Junge. Er klemmte sich das Lesebuch zwischen die Knie, fasste dann Johannas Hände und führte sie so, dass das Mädchen auf die eigentlich leere Rückseite des Schriftstückes sah und es in die Sonne hielt. Das helle Licht ließ das Papier wie durchsichtig werden. Nun konnten sie durch das Pergament hindurch die Buchstaben auf der anderen Seite erkennen. Tatsächlich! Das waren Wörter! Lesbare Wörter, und plötzlich ergaben sie einen Sinn!

„Nord ist Süd, Ost ist West", las Johanna fehlerfrei vor und guckte ratlos. „Aber was heißt das denn?"

In Jans Kopf ratterte es. Die Informationen setzten sich wie Puzzleteile zusammen. Er strahlte Johanna an.

„Das heißt, wir sind auf der richtigen Insel, aber wir suchen an der falschen Stelle! Wenn nämlich Nord Süd ist, dann ist oben unten. Und wenn Ost West ist ..."

„... dann ist links rechts!", ergänzte Johanna verblüfft. Sie hatte verstanden. „Die Karte, also das Bild von der Insel, ist irgendwie seitenverkehrt notiert, genau wie die Buchstaben. Unglaublich! Wir haben das Rätsel gelöst."

Jan nickte heftig.

„Das heißt aber auch, wenn der Kapitän hier im Norden sucht, wird er nichts finden. Also kann er das Rätsel noch nicht gelöst haben, sonst würde er", Jan tippte auf das südliche Ende Jirseys, „ungefähr hier suchen!"

„Oh Mann, und was ist, wenn er das Rätsel niemals löst?", stöhnte Johanna. Sie sah sich schon mit grauem Haar auf der Seekatze über die Meere segeln.

„Das wird nicht geschehen."

Entschlossen ging Jan zurück zur Tür und schloss sie wieder auf.

„Hey, was hast du denn vor?", protestierte Johanna.

„Ich werde ihm einen Hinweis geben, um ihm auf die Sprünge zu helfen. Wir können nicht ewig warten."

Das Mädchen begriff sofort, warum Jan es eilig hatte.

„Es ist wegen Emmi, hm?", meinte sie, und es war eher eine Feststellung als eine Frage.

Jan wusste, dass er nicht antworten musste. Stattdessen nahm er Feder und Tinte sowie ein Stück Papier aus dem Schreibtisch. Es war in etwa genauso groß wie seine Abschrift der Schatzkarte. Erneut zeichnete er die Umrisse der Insel und die Hinweise ab. Nur die Geheimschrift übersetzte er. Johanna hielt sich die Hand vor den Mund.

„Keine Angst", beruhigte Jan sie und gab ihr das Pergament mit der Geheimschrift zurück. „Der Schwarze kann doch nicht wissen, dass wir das waren! Er hat keine Ahnung, dass wir lesen und schreiben können. Viel eher wird er auf den Steuermann tippen. Zum Glück sind die beiden sich im Moment nicht so grün. Ein wenig Risiko müssen wir eingehen."

Johanna sagte nicht, dass sie für heute genug Risiko gehabt hatte und auf weiteres eigentlich verzichten könnte. Sie bekam

gerade keinen Ton heraus, und es hätte sowieso nichts genutzt, weil Jan wild entschlossen war. So verstauten sie alles wieder am richtigen Platz, und Emilys Bruder deponierte die Karte zuoberst auf dem Schreibtisch.

„Auch dein Lesebuch müssen wir jetzt doch in der Kajüte lassen, damit der Schwarze es nicht zu früh vermisst", erklärte Jan. „Ich möchte keinen seiner Wutanfälle mehr erleben."

Johanna hätte das Buch zwar liebend gern mit in ihre Hängematte genommen, aber sie sah ein, dass Jan recht hatte.

„Ja", stimmte sie deshalb schweren Herzens zu. „Wir warten noch ab, das ist sicherer."

Also versenkte Jan das Buch wieder im Geheimfach und legte den Schlüssel zurück in die Dose. Diese wiederum hängte er an ihren alten Platz unter der Tischplatte.

„Du weißt ja jetzt, wo es ist, und wir haben den Schlüssel. Also können wir dein Buch holen, sobald der Schwarze wirklich seinen Schatz gefunden hat und abgelenkt genug ist oder fest genug schläft. Hein kennt hervorragende Schlafmittel", versuchte er, Johanna zu trösten.

Gerade noch rechtzeitig, bevor die erste Versorgungstruppe zurückkehrte, verließen sie den gefährlichen Ort. Die Sonne stand noch nicht an ihrem höchsten Punkt. Jan stellte sich an die Reling, und das Mädchen machte sich auf den Weg in die Kombüse, um Hein den Schlüssel zurückzubringen. Er rührte gerade in den Kochtöpfen und hob den Blick, als Johanna am Herd ankam.

„Rick ist zufrieden!", sagte er lächelnd und wies mit dem Kinn zu seinem Schlafplatz. Der „Wächter" schaukelte in Heins Hängematte und schnarchte vor sich hin. „Er wird nicht mehr wissen, was er gesehen hat, wenn er aufwacht", versprach der Rothaarige mit der Augenklappe.

Nach und nach trudelten alle wieder am Schiff ein, um sich zu stärken und dann die notwendigen Arbeiten zu erledigen. Der ganze Nachmittag war dafür vorgesehen. Jeder hatte seine Wäsche zu waschen. Der Smutje und Johanna wollten außerdem die leeren Vorratsbehälter mit Essigwasser ausscheuern. Dabei waren die Fässer für das Süßwasser das Wichtigste. Sie mussten den Fluss hinaufgeschleppt, gründlich durchgespült und neu befüllt werden. Einige Matrosen sollten dabei helfen. *Ist das gut, wieder festen Boden unter den Füßen zu haben!*, freute sich Johanna, obwohl sie beim Gehen hin und her wankte, als sei sie immer noch auf dem Schiff. Ihr Gleichgewichtssinn brauchte wohl eine Weile, um sich wieder auf das Festland einzustellen. Während die kleine Truppe dem Flusslauf folgte, schien die Sonne immer heißer. Die Wolken hatten schon längst die Berge bestiegen, als sie endlich weit genug von der Mündung entfernt und an einer Stelle angelangt waren, an der sich kein Salz mehr ins Wasser mischte.

Hier schoss der Fluss fröhlich dahin. Staunend blieb Johanna stehen. So ein Wasser hatte sie noch nicht gesehen. Es war – ja, wie war es? – grün, aber nicht nur. Es sah aus wie ein Grün, in das man Milch gegossen hatte. Milchig-grün eben, und die einzelnen Wellen waren gekrönt mit hellgrünen Sahnehäubchen. Sie bückte sich, um etwas mit der Hand zu schöpfen, und erschauerte. Das war eiskalt! Aber köstlich! Sie schlürfte das Wasser aus der hohlen Hand und konnte nicht genug davon kriegen.

„He, langsam, es reicht", sagte Hein lachend. „Sonst bekommst du noch Bauchweh."

Erfrischt richtete sich Johanna auf und nahm die Scheuerbürste, die der Smutje ihr reichte. Hingebungsvoll begann sie mit der ungewohnten und anstrengenden Arbeit. Schnell schmerzten Rücken und Arme, aber einer der Helfer stimmte ein einfaches Lied an, das Johanna schon bald mitsingen konnte. Damit ging das Putzen leichter von der Hand. Ihr Wasserbauch gluckerte im Takt. Mit der Zeit fühlten sich ihre Hände an wie steif gefroren. Irgendwann aber war auch das letzte der Fässer voll.

Doch es gab noch mehr zu tun. Eine weit unangenehmere Aufgabe wartete auf die Gehilfin des Smutje. Für das Abendessen musste das Fleisch vorbereitet werden. Das bestand diesmal aus unzähligen kleineren Braten, denn die Matrosen hatten zwar jede Menge Vögel erlegt, aber keine größeren Tiere. Vielleicht gab es die hier nicht. Johanna konnte sich nur schwer überwinden, die kleinen, samtweichen, manchmal noch warmen Leiber anzufassen und ihnen die Federn auszurupfen. Das Geräusch, das dabei entstand, war eklig. Doch das Gruseln gehörte wohl dazu, wenn man hier frisches Fleisch essen wollte. Und das wollte das Küchenmädchen auf jeden Fall. Sie hatte so großen Appetit auf etwas, das nicht mit Salz haltbar gemacht war, wie Sauerkraut oder Pökelfleisch. Nach und nach gewöhnte sich Johanna an die Handgriffe, und es ging immer besser.

Jan richtete es so ein, dass er sich möglichst in der Nähe der Kajüte des Schwarzen aufhielt. Er wollte beobachten, wie der Kapitän auf das gelöste Rätsel reagierte. Endlich war es so weit. Piet betrat seine Kammer und schloss die Tür hinter sich. Sofort bezog der blonde Spion seinen Posten am Fenster. Hier lagerten ein paar sicher festgezurrte Kisten und aufgerollte Taue, hinter die man notfalls verschwinden konnte. Vorsichtig beobachtete er den Mann in der Kajüte, jederzeit bereit, den Rückzug anzutreten und sich mit einem Sprung in Sicherheit zu bringen. Es dauerte eine Weile, bis der Kapitän dem Kartentisch Beachtung schenkte. Jan merkte gar nicht, dass er alle Muskeln anspannte, bis er einen Wadenkrampf bekam. Er unterdrückte ein Stöhnen und versuchte, die Zehen nach oben zu biegen. Der Krampf ließ nach.

Da endlich entdeckte der Schwarze die Zeichnung! Er stutzte und nahm sie in die Hand. Seine Augen starrten auf das Papier. Es vergingen endlose Minuten, aber er verzog keine Miene, kein Lächeln erschien auf seinem Gesicht. Als Jan schon dachte, er würde sich nie wieder bewegen und für immer so starren, legte er das Blatt langsam auf den Tisch und holte sein eigenes Pergament aus seiner Jacke. Dann hielt er beide Dokumente nebeneinander und starrte weiter. Er starrte zu lange. Selbst Johanna wäre längst fertig mit Lesen, wunderte sich Jan im Stillen. Aber noch immer huschte kein Hauch von Erkenntnis über das bärtige Gesicht. Der heimliche Beobachter war verwirrt. Der Kapitän drehte die Papiere unschlüssig hin und her. Was sollte das? Die Botschaft war doch gut zu lesen! Warum machte der Schwarze trotzdem so einen hilflosen Eindruck? Langsam drehte der Bärtige sich zum Fenster. Jan duckte sich blitzschnell und glitt hinter die Taue. Er blickte auf das glitzernde Meer, und plötzlich begriff er. Natürlich, es gab nur eine Erklärung für das seltsame Verhalten des Kapitäns!

S wie Smutjes Plan

Abends flackerten die Lagerfeuer am Strand. Überall hockten Grüppchen von Matrosen zusammen. Sie vertrieben sich die Zeit mit Karten- und Würfelspielen oder wetteten darum, wessen Vogel zuerst durchgebraten war. Die erlegten Vögel hatten sie mit ihren Entermessern aufgespießt und über das Feuer gehängt. Johanna wusste jetzt, dass man die krummen Dinger so nannte.

Auch die beiden Kinder drehten ihre kleinen Braten geduldig. Hein spielte auf seiner Geige. Ihre hohen Klänge übertönten die schwatzenden und lärmenden Männer mühelos. Diesmal sang das Instrument nur fröhliche, fast lustige Melodien. Der köstliche Duft von gebratenem Fleisch hing in der Luft. Saft- und Fetttropfen zerplatzten zischend auf dem glühenden Holz. Nur der Schwarze schwieg mürrisch und verbreitete schlechte Laune. Klaas wanderte wie zufällig von Feuer zu Feuer, redete mal mit diesem, mal mit jenem Matrosen. Den wachsamen Augen des Kapitäns entging das nicht. In ihnen flackerte unverhohlene Wut mit den Flammen um die Wette.

„Weiß Hein Bescheid?“, fragte Jan in einem günstigen Augenblick.

Johanna nickte. Sie hatte dem Smutje von dem Zettel erzählt, den der Junge in der Kapitänskajüte hinterlassen hatte. Hein packte seine Geige ein und brachte sie zurück aufs Schiff. Jan brannte darauf, die Neuigkeit zu erzählen, aber hier gab es zu viele neugierige Ohren. Johanna spürte seine Unruhe.

„Ist was?“, wollte sie wissen.

Jan nickte und überlegte, wie er sich dem Mädchen am besten mitteilen könnte.

„Was denn?“, fragte sie jetzt leise.

Der Junge blickte auf den Sand zu seinen Füßen. Na klar! Er saß doch am Strand! Langsam beugte er sich vor und tat so, als würde er nur mit dem Sand spielen. Dabei schrieb er möglichst unauffällig Buchstaben in den Sand. P - i - e - t.

Piet! Johanna nickte gespannt, um zu zeigen, dass sie verstanden hatte, und Jan wischte das Wort mit dem Fuß wieder weg. Dann schrieb er: k - a - n - n und direkt daneben das nächste: n - i - c - h - t. Johanna zappelte mit den Füßen. Hein kam auf die Kinder zu.

„Was kann er nicht?“, fragte sie Jan ungeduldig.

Der legte mahnend den Finger auf die Lippen.

„Entschuldige“, murmelte Johanna erschrocken, denn außer Hein schauten noch ein paar Matrosen neugierig zu ihr herüber. Es war besser zu schweigen und sich leise zu verhalten, bis alle wieder mit sich selbst und dem Essen beschäftigt waren. Das dauerte eine ganze Weile. Doch dann waren die ersten Spießbraten gar, und die Männer schlugen ihre Zähne in das zarte, knusprige Fleisch. Es tropfte ihnen von Kinn und Fingern. Einige Becher Rum machten die Runde, und die Piraten begannen, Lieder zu grölen und Witze zu reißen. Das Gelächter wurde lauter, und die Aufmerksamkeit ließ nach. Endlich wagte es Jan, das letzte Wort zu schreiben:

L - e - s - e - n! *Lesen! Der Schwarze Piet kann nicht lesen!* Johanna war mucksmäuschenstill, obwohl es sich anfühlte, als

würde sie innerlich explodieren. Das war unglaublich! Wenn das stimmte, war ihr Hinweis völlig nutzlos für den Schwarzen, und er würde weiter an der falschen Stelle nach dem Schatz suchen. Wie dumm!

„Und nun?"

Jan zuckte ratlos die Schultern. Hein guckte fragend, er wusste nicht, was Johanna meinte. Aber im Moment war es immer noch zu gefährlich zu reden. So saßen sie stumm wie die Fische da und starrten eine Weile in die knisternden Flammen. Der Mond wanderte am Himmel entlang, und Johannas Gedanken entflohen in eine andere Welt. Nach Hause, zurück zu Mama. Ob sie wohl jetzt den gleichen Mond ansah? Orangerote Flammen verrauchten ins Grau, bläulich-weiße Zungen leckten gierig am Holz wie Kinder am Eis. Immer neue Formen und Gestalten flackerten auf. War das nicht Mamas Gesicht? Es war ganz warm.

„Mama!"

Johanna streckte die Hand aus. Das Gesicht verschmolz mit anderen Gesichtern. Emily. Anna. Die Stimmen um sie herum wurden leiser. Dann verschwanden sie ganz. Auf einmal rüttelte sie eine Hand, und jemand sagte etwas zu ihr.

„He, aufwachen! Werd endlich wach!"

Johanna schreckte aus dem Schlaf hoch und schlug die Augen auf. Um sie herum war es dunkel und still, bis auf das Schnarchen der Matrosen. Die Feuer waren fast heruntergebrannt.

„Hein hatte eine Idee", sagte Jan leise.

Fröstelnd und schlaftrunken setzte sie sich auf. Hein reichte ihr eine Decke. Er sah aus, als wüsste er nun Bescheid.

„Die Tage des schwarzen Kapitäns sind gezählt. Der Wind schlägt um, und es wird Zeit, die Segel neu zu setzen", raunte er ihr zu. Johanna hatte Mühe zu folgen.

„Was? Äh, wie bitte?“

„Der Smutje glaubt, dass der Schwarze bald seinen Posten verlieren wird“, erklärte Jan ihr flüsternd. „Ein großer Teil der Mannschaft ist unzufrieden, und die Männer werden immer misstrauischer. Sie wissen nicht, was los ist. Die Geheimnistuerei stinkt ihnen. Vermutlich werden sie bald, vielleicht morgen schon, Klaas zum neuen Anführer wählen. Also wäre es klug, sich mit ihm zu verbünden.“

Das leuchtete sogar Johanna ein, auch wenn sie immer noch nicht ganz wach war.

„Gib mir bitte das Schilfrohr mit dem Plan!“, bat Hein das Mädchen. „Ich werde es Klaas geben müssen. Ich biete ihm die Zeichnung als Bezahlung für unsere Rückfahrt an, und wenn wir wirklich einen Schatz finden, kann er meinen Anteil behalten, sobald wir zu Hause sind. Es ist besser, wenn er nicht weiß, dass ihr die Schatzkarte gefunden und das Rätsel gelöst habt. So ist ihm zwar klar, dass noch jemand an Bord den Weg zum Schatz kennt, aber er weiß nicht, wer. Ich könnte die Lösung selbst gefunden oder von irgendeinem der Matrosen haben. Hier kann sich keiner vorstellen, dass es Kinder gibt, die lesen können.“

Johanna streifte sich das Lederband mit dem wertvollen Anhänger über den Kopf und reichte es dem Smutje.

„Eigentlich bin ich froh, dass ich es los bin. Glaubt ihr, wir schaffen es jemals zurück zum Donnerfelsen?“

„Macht euch keine Sorgen!“, beruhigte Hein sie. „Ich erledige das. Ich habe noch etwas gut bei Klaas.“ Er stand auf. „Am besten schlaft ihr noch eine Runde. Wer weiß schon, was der morgige Tag bringt.“

Mit diesen Worten entfernte sich der Koch, und Jan legte noch ein paar Holzscheite auf die Glut. Dann rückte er möglichst nah an das Feuer, streckte sich und war augenblicklich eingeschlafen. Johanna seufzte. Doch dann wurden auch ihre Augenlider wieder schwer, und sie träumte weiter von zu Hause.

Das Licht des Mondes warf lange Schatten. Manche davon bewegten sich, und manche redeten sogar. Zwei davon gehörten zu Männern, die nicht ungleicher hätten sein können.

„Was willst du, Smutje?", fragte der kleine, schmale Schatten.

„Langsam, Klaas!", bremste der große, kräftige. „Erst muss ich sicher sein!"

„Was meinst du?"

„Ich frage mich, ob ich mich auf dich verlassen kann, wenn der Wind dreht."

„Was soll das heißen?", fragte Klaas lauernd.

„Du weißt, was ich meine, oder? Ich habe Auge und Ohren."

„Niemand hält dich für blind oder taub. Ich ganz bestimmt nicht", bestätigte der Steuermann, der langsam die Chance auf einen Verbündeten witterte.

„Wir wissen doch beide, dass der Kapitän hier nicht nur die Vorräte auffüllen will", behauptete der Smutje jetzt.

„Ich zumindest weiß es", gab Klaas zu. „Und es gibt noch ein paar weitere misstrauische Männer."

„Na also", fuhr der Koch fort und tastete nach dem Schilfrohr. „Ich habe sehr genaue Informationen darüber, was der Schwarze wirklich auf Jirsey sucht."

Klaas sagte nichts, aber seine Augen wurden schmal vor Neugier. Nun spielte Hein seinen Trumpf aus. Er zog das Pergament mit der Zeichnung aus dem Röhrchen und hielt es dem Steuermann hin.

„Meine Abschrift der Schatzkarte gegen deinen Schutz für mich und die Kinder, wenn du der neue Kapitän bist. Ich helfe dir, und du hilfst mir."

Klaas pfiff lautlos durch die Zähne. Seine Augen verschlangen das Dokument in Heins Hand, aber er beherrschte sich und ballte die Hände zu Fäusten, anstatt zuzugreifen.

„So! Eine Schatzkarte hast du! Und du traust mir Meuterei zu?", fragte er und versuchte, möglichst gelassen zu klingen.

„Ts, ts, ts, was für ein hässliches Wort", sagte Hein grinsend im Dunkeln. „Sagen wir lieber, wir haben den Kapitän abgewählt. So etwas tun Piraten regelmäßig."

„Was verlangst du für deine Stimme?"

„Die Rückkehr für mich und die Kinder zum Donnerfelsen."

Gierig sah Klaas auf die Karte. Er musste nicht mehr lange überlegen.

„Abgemacht ... Partner!", sagte er und streckte die Hand aus. Der Smutje schlug ein.

„Wenn wir am Donnerfelsen sind, kannst du meinen Anteil am Schatz behalten." Hein steckte das Papier zurück in das Rohr und reichte es dem Steuermann. „Du musst es gegen die Sonne halten", verriet er noch. „Und es ist von Vorteil, wenn man lesen kann." Schnell griff Klaas zu.

„Oh ja, worauf du dich verlassen kannst."

Mit diesen Worten ließ er die Karte in die Tasche seines schönen Mantels gleiten. Selbst im Mondlicht funkelten und glitzerten die goldenen Knöpfe. Doch die Nacht war noch jung. Es wachte noch jemand, der nicht verlieren wollte, was zum Greifen nah war. Dieser Jemand bewegte sich lautlos und hatte gute Augen. Sie sahen die glänzenden Jackenknöpfe und das Profil eines Lockenkopfes im Mondlicht. Der Lautlose wusste nicht, was die Schatten

besprachen, aber er ahnte, dass es nichts Gutes für ihn bedeutete. Er beschloss zu handeln, ehe die anderen ihm zuvorkamen. Wenn ihn nicht alles täuschte, hatte der Smutje eine menschliche Schwäche für zwei naseweise, vorwitzige Kinder. Das Mädchen mochte er besonders. Das ließ sich nutzen. Der Schatten mit den Adleraugen glitt schnell zurück zu den glimmenden Resten der Lagerfeuer. Hein ahnte nichts von der drohenden Gefahr und beeilte sich nicht. Doch als er einen großen Schatten mit Dreispitz bei den schlafenden Kindern sitzen sah, beschleunigte sich sein Puls. Er atmete hastig, und ihm wurde übel. Der Smutje ging schneller, um gleich darauf seine Schritte wieder zu bremsen und vorsichtig ans Feuer zu treten.

„Nein!“, keuchte er, als er eine krumme Klinge nur wenige Millimeter über dem Hals des Mädchens schweben sah. Der Schwarze hielt den Griff des Messers fest in der Hand.

„Setz dich nur zu uns! Hier ist es gerade so gemütlich“, zischte er hämisch.

Hein gehorchte mit zitternden Knien. Bis gerade hatte er nicht wirklich gewusst, wie gern er Johanna hatte.

„Bitte nicht!“, bat er und versuchte, ruhig zu klingen.

„Gib dir keine Mühe!“, höhnte der Schwarze. Er sprach sehr leise. Die beiden Sprotten sollten weiterschlafen und ihm nicht in die Quere kommen. „Ich weiß genau, dass du an der Landratte hier hängst, warum auch immer. Deshalb wirst du alles tun, was ich sage!“

„Das werde ich“, bestätigte der Smutje, ohne zu zögern.

Die Angst hielt sein Herz fest im Griff, als wollte sie den letzten Tropfen Blut herausquetschen. Er wusste, dass er den Schwarzen nicht weiter reizen durfte. Vom Steuermann war weit und breit nichts zu sehen.

„So ist es brav!“, spottete Piet zufrieden mit sich. „Klaas, der Verräter, plant Meuterei. Das rieche ich zehn Meilen gegen den Wind.“

Der Smutje zog es vor zu schweigen. Seine Muskeln verkrampften sich, er konnte den Blick nicht von Johannas Hals abwenden. Die Klinge berührte nun fast schon die weiße Haut.

„Aber morgen früh, wenn die Saufköpfe wieder nüchtern sind, komme ich ihm zuvor und werde die Mannschaft vor die Wahl stellen, wem sie folgen wollen. Und glaub mir, ich habe gute Argumente auf meiner Seite!“

Noch immer sagte Hein nichts.

„Die Männer schätzen dich. Hast schon so manchen von ihnen zusammengeflickt. Also wirst du dich vor allen auf meine Seite stellen und für mich das Wort ergreifen. Sonst ...!“

Er bewegte das Messer vor dem Hals des Mädchens hin und her, als wolle er ihr die Gurgel durchschneiden. Schnell griff Hein nach dem Handgelenk des Schwarzen.

„Das wird nicht nötig sein!“ Seine Stimme war brüchig, aber sein Griff fest. *Ich würde ohnehin alles tun, um Johanna zu retten!*, dachte er.

„Gut! Dann weck sie auf und sorge dafür, dass sie ruhig bleibt“, befahl der Bärtige.

Hein nickte ergeben. Jetzt zitterte seine Hand, aber er fasste Johanna sanft am Arm. Das Mädchen schlug die Augen auf und lag ganz still. Sie sah nur das Gesicht des Smutjes über sich. Er blickte sie freundlich an und legte den Zeigefinger auf die Lippen. Sein Mund versuchte, ein Lächeln zustande zu bringen, aber sein Auge blickten traurig und besorgt. Da bemerkte Johanna den Schwarzen. Er war so nah. Ein Schauer lief ihr über den Rücken. Die dunklen, feindseligen Blicke ließen ihre Kopfhaut kribbeln.

Das war kein schönes Erwachen! Unerbittlich sah der Bärtige sie an.

„Langsam aufstehen und Richtung Kajüte gehen!", befahl er kalt und knapp.

Johanna zog den Kopf zur Brust, um aufzustehen, und spürte die kalte Klinge. Mit einem Schlag war sie hellwach und klar im Kopf. Piet genoss den Schreck in ihren Augen. Schnell sah Johanna weg. Diesen Triumph sollte er nicht auskosten. Sie zwang sich, ruhig zu atmen, und erhob sich im befohlenen Tempo. Als sie sich aufgerichtet hatte, griff der große Mann in ihren langen Zopf und zog ihr den Kopf in den Nacken. Sein Messer blieb an ihrem Hals und verletzte die Hautoberfläche. Ein winziger Blutstropfen bildete sich und lief über die Klinge. Johanna merkte nichts davon, aber Hein taumelte vor Angst.

„So!", fauchte der Schwarze leise. Ihm gefiel seine eigene Grausamkeit. Er riss das Mädchen an den Haaren auf die Füße. „Das reicht hoffentlich als Lebensversicherung! Streng dich morgen an!", raunte er dem bleichen Smutje zu. „Wenn du dafür sorgst, dass ich Kapitän bleibe, setze ich die Kleine nur auf einer einsamen Insel aus."

Dann schubste er das Mädchen Richtung Schiff. Hein sah den beiden hilflos nach und vergrub die Hände in seinen roten Locken.

T wie Tau

Johanna hatte kein Auge mehr zugemacht und wunderte sich, dass die Sonne nach so einer Nacht aufging, als sei nichts gewesen. Wenn es nach ihr gegangen wäre, hätte es für immer dunkel bleiben müssen. Aber dem grellen Licht da oben war es wohl egal, dass ihr Herz nur noch ein riesiges schwarzes Loch war, das trotz aller Sonnenstrahlen nicht mehr hell wurde. Tiefe Hoffnungslosigkeit verschluckte jedes Licht und raubte auch das letzte Fünkchen Kraft. Schon wieder steckte sie in dieser blöden Kajüte fest, schon wieder war alles schiefgegangen. *Wir haben verloren und werden nie zum Donnerfelsen zurückkehren können, um Emily zu retten,* dachte sie dumpf. *Und Mama? Die werde ich wohl auch nicht mehr wiedersehen, wenn ich mit meinem Lesebuch nicht zu der Zauberlinde komme. Wie soll ich je von der dieser einsamen Insel entfliehen?*

Johanna starrte gleichgültig durch das runde Fenster in den Sonnenaufgang. Sie hatte genug geweint. Es gab keine Hilfe mehr, oder? Wer sollte ihr noch helfen? Alle Helfer, die ihr einfielen, waren genauso hilflos wie sie oder zu weit weg. Plötzlich und ohne, dass sie ihn eingeladen hatte, tauchte der Große Unbekannte in Johannas Gedanken auf. Sie versuchte, sich an Jans Beschreibung zu erinnern. Was hatte er von ihm gesagt? Ja, genau, er hatte von einem höheren Wesen gesprochen, das alles gemacht hat. Jemand, der alles gemacht hat, was man sehen oder

spüren kann, der muss sehr mächtig sein. Jedenfalls mächtig genug, es mit dem Schwarzen Piet aufzunehmen. Aber konnte sie es wagen, zu jemandem zu rufen, den sie nicht sah und den sie nicht kannte? Sie hatte nie etwas für ihn getan, und er sollte ihr helfen? Was für einen Grund hätte er dafür? Nein, das ging wohl schlecht. Und was war mit Gott? Über ihn wusste sie eigentlich auch nicht mehr, nicht mal, ob es ihn hier oder in ihrer eigenen Welt überhaupt gab. Außerdem war sie wütend auf ihn. Ach, sie verstand gar nichts mehr! Wie konnte man auf jemanden wütend sein, den es nicht gab? Wie war es nur so weit gekommen?

„He, he! Alle Mann aufstehen!"

Owe Holzbein und der Steuermann weckten alle Matrosen, die noch schliefen, mit ihrem lauten Kommando.

„Musst du so schreien?", beschwerte sich Rick. „Mein Kopf dröhnt auch so schon laut genug."

„Dann sauf weniger, du Rumdrossel!"

Klaas verstand keinen Spaß.

„Mehr Wasser als Rum", empfahl ein anderer trocken.

„Was ist los? Ich bin noch nicht richtig wach!", fragte der Maat.

„Versammlung auf Deck noch vor dem Frühstück, Enno. Der Kapitän hat etwas mitzuteilen", antwortete der Steuermann.

Jan und der Smutje wussten Bescheid. Sie bereiteten in der Kombüse bereits das Frühstück vor, als die letzten Schlafmützen eben erst die Augen aufschlugen. Ihre Gehirne arbeiteten noch fleißiger als ihre Hände, doch noch war ihnen nichts Vernünftiges eingefallen. Wie konnten sie Johanna befreien und dennoch Klaas zum neuen Anführer machen? Wie sollte man auch ohne etwas im Bauch eine gute Idee haben? Wenn der Magen knurrt wie hundert Hunde, kann der Kopf vor lauter Lärm nicht nachdenken. Dazu schwankte das Schiff immer mehr hin und her, obwohl es vor Anker lag. Hoffentlich bedeutete das keinen Sturm!

„Alle Mann an Deck!“, erschallte der Sammelruf in der frischen Morgenluft.

Hein zog die großen Töpfe vom Feuer und wischte sich die Hände ab. Als er an Deck kletterte, traf ein kräftiger Windstoß sein Gesicht. Jan war schon vorgelaufen. Jetzt trat Hein neben ihn und erschrak. Auf der Brücke sah er den Schwarzen. Aber der war nicht allein. Vor ihm stand – wie ein lebendiger Schutzschild – Johanna. Piets linker Arm lag eng um ihren Hals und presste sie an seine Brust. In der Rechten hielt er seine Pistole.

Selbst von Weitem sah Hein Johannas Angst und erkannte, dass sie aufgegeben hatte. Was er bei diesem Anblick in sich aufsteigen fühlte, war mehr als Wut. Es war blanker Hass. Er kletterte aus dem Bauch bis hinauf in den Hals. Hein musste die Fäuste ballen und sich auf die Zunge beißen, damit die Flüche nicht aus seinem Mund sprudelten wie vergorenes Sauerkraut. Pfui Spinne! Welcher Mann versteckte sich hinter einem kleinen Mädchen? Wie konnte er es wagen, ihr wehzutun und Angst zu machen? In Grund und Boden schämen sollte er sich! Na warte, wenn er diesen Feigling in die Hand bekam! Der konnte was erleben! Den würde er kleinsäbeln und zerstampfen wie Weißkohl!

„Was macht er denn mit dem Mädchen?“, brummte Geert gerade ehrlich verblüfft, da öffnete der Halunke den Mund.

„Männer!“, brüllte er, „hört mich an!“

Hein schnaubte.

„Es sagt ja gar keiner was.“

„Nicht so laut!“

Rick hielt sich den brummenden Schädel, als die Stimme in unverminderter Lautstärke fortfuhr.

„Männer! Seit vier Jahren bin ich jetzt euer Kapitän!"

Zustimmendes Gemurmel und Kopfnicken.

„Oft gab es reiche Beute, und wir haben immer gerecht geteilt."

Der Schwarze stand fest mit beiden Beinen auf den Planken, obwohl die See so unruhig und aufgewühlt war.

„Jawohl, ja, stimmt!", riefen einige Männer.

Um Klaas herum war es allerdings verdächtig still. Jan stand vor dem Smutje. Auch ihm hatte es die Sprache verschlagen. Die arme Johanna! Sie sah aus, als hätte sie die ganze Nacht mit Weinen zugebracht.

„Und jetzt sage ich euch, warum wir hierhergekommen sind. Hierher nach Jirsey", versprach Piet.

„Wurde ja auch Zeit!", wagte Tem einzuwerfen.

„Ruhe! Ihr fragt, warum wir keine Schiffe mehr gekapert haben?"

„Genau!"

Fiete genehmigte sich eine Portion Schnupftabak.

„Weil es bessere Beute gibt!"

Der Schwarze machte jetzt eine Pause, um die Spannung noch zu erhöhen. Die Mannschaft wartete ab. Einige hielten sich an der Reling fest, da die Seekatze immer heftiger auf und ab schaukelte. Bug und Heck hoben und senkten sich abwechselnd und immer rascher. Dunkle Wolken bedeckten den eben noch so blauen Himmel. Von der Sonne war nichts mehr zu sehen.

„Erst jetzt bin ich mir sicher", fuhr der Kapitän endlich fort. „Hier auf dieser Insel gibt es einen riesigen Schatz zu heben!"

Noch ein winziger Augenblick Ruhe, bis die Information in den Köpfen angekommen war. Dann brüllten und schrien alle aufgeregt durcheinander. Hein guckte verkniffen. Was sollte das denn jetzt? War der Schwarze verrückt geworden? Wollte er etwa auf einmal mit allen teilen?! Das sah ihm so gar nicht ähnlich. Aber was wollte er dann? Da schoss Piet in die Luft, um sich wieder Gehör zu verschaffen. Johanna zuckte zusammen. Ihre Ohren dröhnten. Blitzschnell steckte der Schwarze die Waffe in den Gürtel, um die andere fertig geladene Pistole herauszuziehen.

„Ruhe!", brüllte er schon wieder.

Hein ärgerte sich über seine eigene Trägheit. Er wusste doch, dass der Schwarze nur einen Schuss pro Waffe hatte. Er hätte ihn vielleicht entwaffnen können, wenn er näher an den Kapitän herangegangen wäre. Warum konnte er bloß nicht klar denken?

„Ich brauche die ganze Mannschaft, um diesen Schatz zu heben." Da war die Stimme des Schwarzen wieder. „Aber an Bord gibt es einen Verräter! Jawohl! Es gibt jemanden, der Meuterei plant. Und ich will, dass jeder von euch sich entscheidet, hier und jetzt, wem er folgen will. Mir und meiner Schatzkarte oder", er richtete die Pistole auf Klaas, „dem da, dem Steuermann, der vergessen hat, was er mir verdankt."

Angewidert spuckte er aus. Klaas hob schnell die Hand, um die Matrosen, die schon wieder lauter wurden, zum Schweigen zu bringen. Er wirkte vollkommen ruhig und unbeweglich, wie ein Fels in der Brandung. Furchtlos, weil ihm klar war, dass der Schwarze zu weit weg stand, um ihn sicher zu treffen. Ruhig, weil er wusste, dass er einen Trumpf in der Hand hatte, von dem der Schwarze nichts ahnte. Trotzdem war er vorsichtig, da das Mädchen in Gefahr war und er den Smutje weiter auf seiner Seite wissen wollte. Die Matrosen schwiegen, und Klaas rief:

„Der Kerl da lügt doch, wenn er den Mund aufmacht! Was glaubt ihr, warum er die Karte bisher vor euch verborgen hat? Er führt euch an der Nase herum! Wenn er nicht plötzlich Angst

bekommen hätte, seinen Posten zu verlieren, hätte er mit keinem von euch geteilt! Was denkt ihr denn, warum er gestern mit Owe und Melf allein losgezogen ist, hä? Sie haben doch schon gestern nach dem Schatz gesucht. Ohne euch! Ist es nicht so, Piet?"

Wieder wurde es laut an Deck. Ungläubiges, böses Gemurmel erhob sich und schwoll immer mehr an.

„He! Stimmt das?"

Fiete klang empört. In der Ferne grollte Donner.

„Er hat gelogen und wird weiter lügen!", brüllte Klaas jetzt.

„Hirnloses Gequatsche!", schrie der Schwarze zurück. „Nur weil er neidisch ist! Schaut ihn euch an, den schicken Klaas. Der Klugschwätzer ist sich doch zu fein zum Kämpfen! Ich habe euch von Sieg zu Sieg geführt, mit der Waffe in der Hand. Der hat sich noch nie die Finger schmutzig gemacht, die feige Bilgratte. Mit goldenen Knöpfen und glänzenden Schuhen gewinnt man keine Schlacht!"

Verächtlich blickte er den Steuermann an.

„He, Smutje", wandte sich der Schwarze jetzt Hein zu. „Was sagst du? Zu wem willst du gehören? Zu einem Kämpfer oder zu einem Schmarotzer?"

Das letzte Wort spie Piet regelrecht aus. Er wischte sich mit dem Ärmel die Spucke vom Mund. Dann schien es, als würde er Johanna fester packen. Hein musste sich mit der Antwort beeilen. Rasch hob er beide Arme. Jetzt hing alles von ihm ab. Der Smutje holte tief Luft.

„Ruhig, Männer! Ihr kennt den Schwarzen, und ihr kennt mich. Vertraut mir und meinem Urteil!"

Und auf einmal fiel ihm ein, wie er den Schwarzen vielleicht hintergehen konnte. Wie er die Männer dazu bringen könnte, für Klaas zu stimmen, obwohl er mit Worten für den Schwarzen warb. Er musste ihnen ein Zeichen geben. Langsam und bedächtig ging er ein paar Schritte vor, auf den Lügner zu. Dann drehte er sich so zu dem Steuermann, dass Piet ihn nur noch von der linken Seite sehen konnte, auf der er blind war. Dadurch war sein rechtes Auge unbeobachtet. Laut rief er nun:

„Männer, ich vertraue unserem Kapitän!"

Doch dabei kniff er unbemerkt das rechte Auge zu. Der Steuermann verstand sofort, und auch die meisten anderen Seeleute, die Heins Zwinkern sehen konnten, begriffen, dass er das Gegenteil von dem meinte, was er sagte. Die anderen johlten begeistert. „Männer, euer Smutje vertraut dem Kapitän. Es gibt keinen Grund, ihn abzuwählen!", behauptete Hein noch einmal lautstark und klimperte dabei wie verrückt mit dem Augenlid.

Zwei weitere Piraten sahen es und verstanden die Botschaft.

Der Schwarze guckte verwirrt. Irgendetwas stimmte da nicht. Zu viele Matrosen waren verdächtig still. Und wo war der verflixte Bengel auf einmal? Er konnte Jan nicht mehr sehen. Er musste handeln, ehe es ein anderer tat. Sie mussten abstimmen.

„Wer für mich ist, rüber zu Hein!", forderte er die Mannschaft zur Entscheidung auf.

„Ein Hoch auf den Schwarzen!", sagte Rick wenig begeistert. Seine Stimme und Hände zitterten. Er hatte nichts von dem heimlichen Zeichen mitbekommen und schlurfte zu Hein hinüber. „Auch wenn er verrückt ist!"

Ein paar weitere Männer setzten sich gerade in Bewegung, als der Steuermann noch einmal die Stimme erhob.

„Halt, Männer! Eins müsst ihr noch wissen, bevor ihr eure Stimme abgebt. Ja, es stimmt: Euer Kapitän hat zwar eine Karte, aber er sucht an der falschen Stelle nach dem Schatz. Im Gegensatz zu mir kann er mit einem Schatzplan nämlich gar nichts

anfangen. Stimmt's, Käpt'n?", spottete er siegesgewiss. „Du kannst gar nicht lesen, ist es nicht so?" Mit diesen Worten zog Klaas triumphierend seine Abschrift des Planes aus der Jackentasche. Er hielt sie hoch. „Wie soll ein Blinder euch führen?!", brüllte er dann.

Auf einmal ging alles ganz schnell. Der Schwarze schrie, dass es Johanna in den Ohren klingelte. Die Matrosen schrien vor Wut, Johanna schrie vor Angst, und Jan schrie ... Warum schrie Jan eigentlich, und warum klang sein Schrei auf einmal so nah? Ehe Johanna weiter darüber nachdenken konnte, spürte sie einen kräftigen Stoß und wurde nach vorne geschleudert. Sie fiel auf die Knie. Ihr Kopf traf die Bordwand. Die Pistole schlitterte über die Planken zu ihren Füßen, und der Schwarze flog wie ein schwerfälliger Schatten über sie hinweg. Stumm klatschte er ins Wasser, um gleich darauf schreiend und fluchend wieder aufzutauchen. Was war geschehen? Um Johanna drehte sich alles. Der Himmel war schwarz. Jan und der Smutje knieten plötzlich bei ihr.

„Jetzt ist alles gut, alles ist gut", beruhigte der Koch sie und nahm sie in den Arm. „Junge, das war genial!", sagte er bewundernd zu Jan, ohne ihn anzusehen.

„Ich habe das Tau losgebunden, das den Baum hielt", grinste Jan das Mädchen an, „dann einen günstigen Moment abgewartet, in dem das Schiff sich zur Seite geneigt hat, und ihm einen kräftigen Schubs mitgegeben."

Johanna brauchte etwas, bis sie verstand, dass er nicht von einem Baum mit Blättern sprach und auch nicht von dem senkrechten Mastbaum. Nein, solche Bäume muss man nicht festbinden, und wenn man sie schubst, passiert nicht viel. Jan sprach von dem waagerechten Rundholz, an dem das Segel befestigt ist. Wenn es nicht festgebunden ist, macht es sich gern selbstständig.

Es schwingt leicht zur Seite und kann gefährlich für die Matrosen und jeden anderen an Bord werden.

„Ich habe dir doch gesagt, man muss aufpassen, dass man sich nicht den Kopf stößt", sagte Jan.

Johanna erinnerte sich und nickte, bereute Letzteres aber sofort, als ihr ein stechender Schmerz durch den Kopf schoss.

„Eigentlich gilt das ja nur während der Fahrt mit gehissten Segeln. Doch wenn das Schiff so schwankt, und der Fiesling so dumm im Weg steht, da konnte ich einfach nicht widerstehen!", lachte der Junge. „Der Baum hat Piet mit voller Wucht an der rechten Schulter getroffen, und er ist über Bord gegangen. Tut mir leid, dass du auch was abgekriegt hast", bedauerte er aufrichtig.

Johanna befühlte die riesige Beule und lächelte matt.

„Es tut gar nicht so sehr weh", behauptete sie und weinte vor Erleichterung.

„Warte nur ab! Das kommt schon gleich, wenn die Aufregung nachlässt."

Hein hatte so seine Erfahrung. Vorsichtig hob er Johanna hoch und trug sie zu ihrer Hängematte, in der das Mädchen freiwillig liegen blieb. Das Schiff schien sich zu drehen, obwohl der Wind wieder abgeflaut war. Sie war dankbar für den kühlen Lappen auf der Stirn.

Der befürchtete Sturm blieb aus, und auch die Matrosen hatten sich verblüffend schnell geeinigt. Sie entschieden sich ausnahmslos für den Steuermann. Auch Melf und Owe wollten lieber einen kleineren Anteil am Schatz als gar keinen. Ein Pirat mit gebrochener Schulter war nicht viel wert. Außerdem war die Zeit reif für einen Wechsel.

Allein gelassen, nass und unbewaffnet blieb Piet nichts anderes übrig, als klein beizugeben. Er hatte nicht nur den Schatz, sondern auch das Schiff verloren und war ein Gefangener seiner eigenen Matrosen. Piraten nehmen es nämlich übel, wenn jemand etwas für sich allein behalten möchte. Da verstehen sie absolut keinen Spaß. Zur Strafe wird der Übeltäter auf einer einsamen Insel ausgesetzt und bekommt nur eine Pistole mit etwas Pulver für einen einzigen Schuss.

Doch weil gerade keine einsame Insel in der Nähe war, musste Piet noch eine Weile an Bord der Seekatze bleiben. Und so versorgte Hein zähneknirschend dessen verletzte Schulter.

„Du kannst von Glück sagen, dass dem Mädchen nicht mehr passiert ist", knurrte er böse und zog den Verband fest. Der Schwarze stöhnte auf. „Sonst würde ich anders mit dir umgehen, das kannst du mir glauben! Du kämst nicht lebendig auf deiner einsamen Insel an." Piet zog es vor zu schweigen. „Für einen wie dich, der sich hinter kleinen Mädchen versteckt, ist die Pistole mit dem letzten Schuss viel zu schade. Du kannst froh sein, dass der Piratenbrauch so gnädig ist!"

Und das war das letzte, was der Schwarze hörte, bevor er zur Verwahrung in den Lagerraum gebracht und angekettet wurde.

U wie unglaublich

Durch den Tipp des Smutje war es für den feinen Klaas nur noch ein Kinderspiel gewesen, die Geheimschrift zu entziffern. Die Seekatze hatte bereits Kurs auf die Südspitze Jirseys genommen. Johanna lag immer noch in ihrer Hängematte. Hein bestand darauf, dass sie sich weiter ausruhte. Das war ihr ganz recht, denn es schwankte auch so schon alles genug. In der Nacht hatte sie mehrmals über die Bordwand spucken müssen.

„Da geht er hin, der gute Braten! Musst du ausgerechnet damit die Fische füttern?", hatte Hein versucht zu scherzen.

Aber ihr war immer noch nicht zum Lachen zumute. Nur langsam wurde es etwas besser mit der Übelkeit.

„Danke!"

Vorsichtig legte sie den feuchten Stoff, den Jan ihr reichte, auf ihre Stirn.

„Keine Ursache! Ist ein richtig dickes Horn!", bemerkte er. Johanna verzog das Gesicht.

„Mmm. Das tut gut. Wie lange segeln wir denn noch?"

„Kapitän Klaas sagt, wir sind schon fast da. Ist wie ein Küstenschiffer die ganze Zeit in Sichtweite des Ufers geblieben, und bald werden wir den südlichsten Zipfel erreichen."

„Ich glaube, ich schlafe noch ein bisschen", sagte das Mädchen gähnend.

„Tu das! Du brauchst keine Angst mehr zu haben."

Eine gehörige Portion Mitleid schwang in seiner Stimme mit. Johanna konnte sich ja nicht selber sehen. Es war gut, dass kein Spiegel an Bord war. Jan aber konnte dem Anblick nicht ausweichen, er wusste, dass sie nicht nur aussah, als hätte sie einen Boxkampf gegen drei Gegner gleichzeitig verloren, sondern sich wohl auch so fühlte.

„Der Schwarze ist außer Gefecht. Klaas hat ihn angekettet, und zwei Männer bewachen ihn. Außerdem bleibt der Smutje bei dir. Er geht nicht mit uns an Land."

„Schön, wieder Hoffnung zu haben", sagte Johanna leise. „Ich habe gedacht, ich sehe meine Heimat nie wieder."

Jan wusste ganz genau, dass sie nicht vom Donnerfelsen sprach. Er sah schnell weg, obwohl Johanna schon die Augen geschlossen hatte.

Am Nachmittag verließ die Mannschaft der Seekatze das Schiff. Hätte man sich den Ort von oben mit einem Hubschrauber oder einer Drohne ansehen können, dann wäre aufgefallen, dass diese Stelle dem ersten Ankerplatz genau spiegelverkehrt gegenüber lag.

„Und nun?"

Holzbein sprang ungeduldig an Land und sah zum Steuermann. Klaas hielt das Pergament mit der Zeichnung in der Hand.

„Wir folgen dem Flusslauf, bis er zu einer Felswand führt." Er zeigte auf das plätschernde Wasser.

„Los, Männer!", schrie Owe. „Auf zur Schatzsuche!"

Die ersten Matrosen gehorchten begeistert und rannten grölend hinter Hinkebein her. Drei von ihnen trugen Spaten auf den Schultern, die beim Laufen auf und ab wippten. Jan ging zum Schluss. Er hoffte um Emilys Willen, dass sie nicht mehr lange suchen müssten, sondern schnell Erfolg hätten. Der blöde Schatz war ihm ganz egal. Der Junge starrte auf das Wasser zu seiner Linken. Der Fluss war heute braun und schmutzig, falls es überhaupt derselbe Fluss wie auf der anderen Seite der Insel war. Er war deutlich angeschwollen und schoss schneller dahin, als es vorgestern der Fall gewesen war.

„Hat es heute Nacht doch noch gewittert?", fragte er den Mann, der neben ihm ging.

„Na, wenn du das nicht gehört hast, hast du wohl einen guten Schlaf!", brummte Tem mit seiner tiefen Stimme freundlich.

Jan nickte stumm und fragte nichts mehr. Schweigend marschierten sie weiter flussaufwärts. Der Schiffsjunge richtete den Blick auf den Boden. Nur ab und zu hob er die Augen, um nach einer Felswand Ausschau zu halten. Schon nach ein paar Minuten fing er an zu schwitzen. Das lag nicht nur an der fortschreitenden Tageszeit, sondern auch an seinen schneller werdenden Schritten. Sie hatten unmerklich ihr Lauftempo erhöht. Plötzlich hörte Jan, wie Owe weiter vorne den anderen aufgeregt etwas zurief. Erst war der Junge noch zu weit weg, aber nur wenig später konnte er die Worte schon verstehen.

„Hier, hier ist es!", schrie Owe ein ums andere Mal.

Kurz darauf sah auch Jan die massive Felswand direkt neben dem Wasserlauf und blieb bewundernd stehen. Höher als erwartet ragte sie aus den Bäumen empor. Blank war der Felsen, und er hatte die Form eines erhobenen Zeigefingers, der um Ruhe bittet. Die Schatzsucher verstummten, nur Klaas verschlug es nicht die Sprache. Er lachte siegessicher. *Wie klein er hier vor dem Felsen aussieht!,* wunderte sich Jan.

„Jetzt zweihundert große Schritte nach Westen", las Klaas vor. Er blickte auf den Kompass in seiner Hand und wies den

Männern die Richtung. Die Piraten entfernten sich. Jeder zählte dabei die Schritte für sich.

„76, 77, 78, 69 ...? 70? ...69, 70!", murmelte Rick. Seine Sinne waren schon wieder leicht benebelt, obwohl es noch nicht Mittag war. Er gab das Zählen auf und lief fluchend hinter den anderen her. Ungefähr zweihundert Meter weiter westlich blieb Klaas stehen und drehte sich um sich selbst.

„Hier müsste es sein!"

Die anderen stimmten ihm zu. Auch Rick nickte eifrig. Sie standen auf einer kleinen Waldlichtung. Das Rauschen des Flusses war noch gut zu hören.

„Und was genau müsste hier sein?", fragte Rick noch einmal nach.

„Ein Pfeil!", sagte Klaas.

Die Männer guckten fragend.

„Hier muss ein Pfeil sein, sucht nach einem Pfeil, nach irgendetwas in Pfeilform!", befahl der Kapitän ungeduldig. „Aus Stein oder so, es kann auch sein, dass etwas darüber gewachsen ist. Sucht im Umkreis von etwa zwanzig Metern! Los!"

Augenblicklich tasteten die Piraten mit Händen und Füßen die Umgebung ab. Auch Jan half mit. Fiete stieß immer wieder seinen Spaten in die Erde. Doch auch er fand nichts. Nach zwei Stunden wurden die Bewegungen der Männer langsamer. Sie waren klatschnass geschwitzt und dachten sehnsüchtig an das Mittagessen, das es erst heute Abend geben würde. Anscheinend hatte ihre Begeisterung für die Schatzsuche stark nachgelassen, sonst hätten sie gar nicht ans Essen gedacht. Plötzlich stolperte Rick über seine eigenen Füße und fiel der Länge nach ins Gras.

„Oh, verflixt noch mal, ist das hart. Steinhart!", jaulte er auf.

Owe kam zu ihm hinübergelaufen.

„Was erzählst du da, Rick?“, fragte er.

„Hier ist das Gras so hart, dass man sich blaue Flecken holt, wenn man hinfällt“, wiederholte Rick mit schmerzverzerrtem Gesicht und rieb sich den verlängerten Rücken.

„Gras ist niemals hart, du Dummkopf“, sagte Owe und untersuchte die Stelle genauer, an der Rick gefallen war. Dazu klopfte er mit seinem Holzbein Zentimeter für Zentimeter den Boden ab und bückte sich, um besser sehen zu können. Es dauerte nicht lange, dann hatte er gefunden, wonach er suchte. Das Holzbein erzeugte ein eindeutiges Geräusch, als es auf steinernen Untergrund stieß.

„Hier! Hier ist es hart! Unter dem Gras!“, rief Owe den Männern zu.

Der Kapitän war der Erste. Im Nu hockte Klaas neben Holzbein und bog die Grashalme energisch auseinander. Dann begann er, sie büschelweise auszurupfen. Wilke, Sierk und Tado kamen ihm zu Hilfe. Nach einer Weile hatten sie einige größere Steine freigelegt. Klaas pfiff anerkennend.

„Auch ein blindes Huhn findet mal ein Korn!“, murmelte er. „Gut gemacht, Rick!“

Der Angesprochene guckte verdutzt und kratzte sich am Kopf. Lob war er nicht gewohnt, und er wusste nicht, ob er sich darüber freuen sollte. Doch er beschloss, dass er sich eine Pause verdient hatte, und ließ sich ins Gras gleiten. Diesmal prüfte er, ob es auch weich genug war.

Schon bald konnte jeder sehen, dass die glatten Steine nicht zufällig hier lagen. Jemand musste sie absichtlich so platziert haben, denn zusammen ergaben sie einen steinernen Pfeil.

„Wir haben es gefunden! Männer, wir sind am Ziel!“

Klaas sah triumphierend um sich, bevor er den nächsten Befehl gab.

„Grabt genau hier, an der Spitze des Pfeils!“

Gleichzeitig hoben Owe, Enno und Fiete ihre Spaten und stießen prompt aneinander.

„Langsam, einer nach dem anderen!“, bremste der Kapitän. „Owe fängt an.“

Grinsend und mit Schwung hieb Hinkebein das eiserne Blatt in das Erdreich. Doch schon nach ein paar Schaufeln schnaufte er wie eine Lokomotive. Also, wie sie früher schnauften, als sie noch mit Kohle betrieben wurden. Das Grinsen war ihm auch vergangen, und der Maat musste ihn bald ablösen. Und das, obwohl die Erde am Anfang noch weich war. Sie wurde erst härter und fester, je tiefer Enno kam. Das Graben verlangte immer mehr Kraft, doch der Maat hielt eisern durch.

„Wer weiß, wie lange das schon hier unten liegt“, keuchte er. Schweiß perlte von seiner Stirn. Er grub und grub, dann übernahm Sierk und anschließend Tado. Es wurde immer schwüler, obwohl die Sonne sich schon dem Horizont zuneigte. Doch schließlich, in der immer noch warmen Abendsonne, stieß Tados Spaten auf etwas, das hohl klang. Tock!, machte es, und das Geräusch ließ alle aufhorchen. Tado stieß noch einmal nach. Tock, tock!

„Da ist was!“, sagte er dann und hielt inne.

Owe hinkte eilig heran und schubste Tado zur Seite. Der feine Klaas kam langsam herüber. Er musste sich nicht beeilen und sah nur ungerührt zu. Er hatte es auch nicht nötig, sich die Finger schmutzig zu machen. Sollte Owe schubsen und graben! Und tatsächlich dauerte es nicht lange, da kam der gewölbte Deckel einer stabilen Holztruhe zum Vorschein.

„Fiete! Melf!“, kommandierte Klaas jetzt.

Die Männer sprangen herbei wie gut abgerichtete Hunde. In Windeseile hatten sie die Kiste ganz ausgegraben und grob von

Erdreich befreit. Man erkannte eiserne Beschläge, die als Verschluss und Verzierung zugleich dienten, doch war die Holztruhe im Ganzen kleiner, als Jan sie sich vorgestellt hatte. Immerhin schien sie furchtbar schwer zu sein. Vier Männer waren nötig, um sie aus dem Loch zu hieven. Sie rutschte immer wieder zurück, doch schließlich stand das wertvolle Ding oben. Die Piraten brachen in Jubel aus und tanzten wie kleine Kinder um das Loch herum. Sie klopften sich gegenseitig auf die Schultern und schubsten sich um.

„Bravo, Klaas!"

„Hätten keinen besseren Kapitän wählen können!"

„Unglaublich, wir haben es geschafft!"

„Weiter so!"

Sie grölten vor Lachen, umarmten abwechselnd einander und die Schatzkiste, obwohl sie noch gar nicht wussten, was sie enthielt. Vergessen waren ihr Misstrauen und auch der Hunger. Schließlich machte Klaas dem Treiben ein Ende. Er winkte Geert, den Zimmermann, herbei, der die Truhe kurz genauer betrachtete. Schnell stand sein Urteil fest.

„Das Ding kann ich hier nicht öffnen. Ich brauche mein Werkzeug. Wir müssen sie geschlossen zum Schiff schleppen."

„Also, ihr habt es gehört, Männer! Immer zwei Mann an die Griffe. Ihr wechselt euch ab, bis wir an der Seekatze sind", befahl der Kapitän.

So schwer beladen dauerte der Weg zurück natürlich länger als der Hinweg, aber schließlich setzten die Piraten die Schatzkiste am Strand ab. Geert holte sofort sein Werkzeug, doch allzu schnell war der Truhe nicht beizukommen. Überall stieß die Säge des Handwerkers auf Eisen.

„Das muss ein verflixt guter Büttner gemacht haben", schimpfte der Zimmermann.

Es wurde tatsächlich später Abend, bis er endlich den Deckel etwas anheben konnte. Die Lagerfeuer brannten längst, und alle standen im Kreis, um einen Blick auf den kostbaren Inhalt der Truhe zu erhaschen. Alle bis auf einen. Der Schwarze würde heute nichts zu sehen bekommen. Er hockte schon den ganzen Tag im Dunkeln.

„Zurück, Männer! Zurück, damit alle gucken können."

Klaas ließ es sich nicht nehmen, den Deckel eigenhändig aufzuklappen. Endlich war es so weit! Selbst Johanna hatte das Schiff verlassen. Sie saß und reckte nur vorsichtig den Kopf. Jan stand etwas weiter vorn in einer Gruppe von Matrosen. Als Erstes fiel sein Blick auf einen eckigen Gegenstand, der in Ölpapier eingewickelt war und auf rotem Samt lag. Klaas nahm ihn heraus und entfernte das Papier. Er grunzte herablassend, als er nur ein altes Buch erblickte. Es war viel dicker als Johannas Lesebuch und in braunes Leder eingebunden. Auf der Vorder- und Rückseite waren alle vier Ecken des Buchdeckels mit quadratischen Metallstücken beschlagen. Zwei breitere Lederriemen, die jeweils in Metallverschlüssen endeten, hielten es verschlossen. So ein seltsames Buch hatte Johanna noch nie gesehen. Aber Klaas schien es zu kennen. Er schnaubte verächtlich, als er es aufschlug.

„Hier ist schon mal etwas für Kinder!"

Der Kapitän hielt das Buch hoch. Die Männer lachten über den Witz ihres neuen Anführers, obwohl niemand wusste, was für ein Buch das war. Doch es schien ihnen deshalb lächerlich, weil doch jeder wusste, dass Kinder nicht lesen können. Auf jeden Fall kein Kind vom Donnerfelsen! Das war so völlig außerhalb ihrer Vorstellung, dass niemand auf die Idee kam. Selbst Klaas nicht.

„Ich möchte es haben!"

Mutig meldete Jan sich. Der neue Kapitän lächelte.

„Na, dann hol es dir!", forderte er den Jungen auf und ließ das Buch kurzerhand in das nächste Feuer fallen.

„Aber beeil dich, sonst ist von deinem Anteil am Schatz nichts mehr übrig!", grölte Owe, und alle hielten sich den Bauch vor Lachen.

Jan überlegte gar nicht. Nachdem er den ersten Schrecken überwunden hatte, drängte er die Matrosen an die Seite, die vor ihm standen, und stürzte auf das Feuer zu. Die Flammen leckten erst an den Seiten, dann hinterließen sie schwarze, halbrunde Bisswunden in dem Papier. Es qualmte. Ohne Zögern griff der Junge mit den bloßen Händen nach dem Buch, mitten hinein in die Hitze. Er spürte keinen Schmerz, als seine Haut versengt wurde. Zu groß war die Angst, sein Buch könnte ein Raub der Flammen werden und ganz für ihn verloren sein. Er zog es aus der Glut und presste die schwelende Kostbarkeit gegen seine Brust, um alles Feuer zu ersticken. Aber Hein riss es ihm aus der Hand, ließ es auf den Strand fallen und schaufelte Sand darauf, um es zu löschen.

„Du Dummkopf, nur ein Narr wirft Bücher ins Feuer!", fuhr er den schmächtigen Mann an, der jetzt das Sagen hatte. Der Smutje war so wütend, dass er gar nicht daran dachte, dass es gefährlich sein könnte, den Kapitän zu beschimpfen. Nur Johanna guckte erschrocken. Doch Klaas beachtete Hein zum Glück gar nicht. Er beugte sich schon wieder über die Schatztruhe.

„Lauf schnell zum Wasser und kühle deine Hände, damit die Brandblasen nicht so groß werden", wandte sich Hein an Jan.

„Los, beeil dich und lass sie drin, bis es nicht mehr wehtut!“

Erst jetzt bemerkte der Junge, dass seine Finger verbrannt waren. Er gehorchte, und so verpasste er, wie Klaas den Samtstoff in die Höhe hob.

„Ah!“ und „Oh!“, machten die Matrosen, als kleine und große Goldmünzen sowie verschiedenfarbige Edelsteine zum Vorschein kamen. Die Juwelen funkelten bunt im Feuerschein. Die Piraten verstummten kurz andächtig, als sei es Heiligabend und sie stünden vor dem Weihnachtsbaum. Doch schon im nächsten Augenblick war Weihnachten vorbei. Alle brüllten wild durcheinander. Hätten sie Raketen und Knaller gehabt, sie hätten sie sicher abgefeuert und Silvester gefeiert. Klaas musste in die Luft schießen, um die Männer daran zu hindern, mit bloßen Händen in das Gold zu greifen und es in die Luft zu werfen wie Konfetti. Er trug nun die beiden Pistolen des Schwarzen und sein Pulverhorn.

„Halt! Jeder behält seine Flossen schön bei sich! Nicht anfassen, nur gucken!“, befahl er. „Wenn sich alle satt gesehen haben, bringen wir die Kiste in meine Kajüte. Jeder bekommt seinen Anteil!“, versprach er. „Aber geteilt wird erst am Donnerfelsen!“

V wie Verrat

Die Rückfahrt verlief ereignislos, wenn man von einem sonnigen Tag absah, an dem ein Passagier von Bord ging. Er verließ das Schiff allerdings unfreiwillig und hatte nicht allzu viel Gepäck dabei. Eine Pistole, geladen mit einer Kugel und Pulver für genau einen Schuss. So schreibt es das Piratengesetz vor, wenn jemand auf einer einsamen Insel ausgesetzt wird. Diese Strafe war all denen bestimmt, die versuchten, etwas von einer Beute für sich allein zu behalten. Sie war anscheinend auch in dieser Welt so üblich. Der Schwarze Piet bewahrte Haltung, auch wenn er aus den Augen Blitze auf Klaas schleuderte, als er sein Schiff verließ.

„Das wirst du mir büßen", konnte Johanna ihn schwören hören.

Sie fragte sich, wie er jemals diese Insel verlassen wollte, um seine Drohung wahr zu machen, und es schüttelte sie bei dem Gedanken, dass der alte Kapitän wieder im Dorf auftauchen könnte. Klaas jedoch schien unbeeindruckt zu sein, denn er lächelte nur.

„Na dann, auf Wiedersehen!", sagte er und tippte sich zum Gruß ein letztes Mal an den Hut.

Jetzt stand Johanna an der Reling und konnte es kaum erwarten, Emily und Anna wiederzusehen. Es ging ihr besser, die Übelkeit war vorbei, und ungeduldig trat sie von einem Fuß auf den anderen. Jan gesellte sich zu ihr und stellte sich neben sie.

„Noch einen Tag Fahrt, sagt Kapitän Klaas!“, meinte er nachdenklich und blickte besorgt auf die Wellen.

„Wir werden bestimmt rechtzeitig kommen!“, sagte sie aufmunternd.

„Ja, das hoffe ich“, seufzte er. „Zu dumm, dass die Sauerkrautfässer leer sind.“

„Deine Schwester bekommt trotzdem ihr Vitamin C. Hein meint, es sei genau die richtige Zeit für die Dünenbeeren. Wenn es Emily noch nicht besser geht, pflücken wir sofort welche. Du wirst sehen, deine Mutter hat im Handumdrehen Brei daraus gemacht. Dann mischt sie etwas Honig dazu, und schon ist es nicht mehr so sauer und Emily kriegt es runter“, plauderte sie zuversichtlich. Jan holte tief Luft.

„Bestimmt hast du recht“, stimmte er Johanna zu und starrte auf die Blasen an seinen Fingerkuppen. Wenigstens die taten nicht mehr weh.

In der Nacht schliefen die Kinder tief und fest. So fest, dass sie nicht mitbekamen, wie Kapitän Klaas das Schiff vor der schwierigen Einfahrt in den Hafen noch einmal ankern ließ. Dann gingen auch die Matrosen schlafen, und niemand bemerkte, was in der Nacht geschah. Am nächsten Morgen wunderte sich der Maat Enno darüber, dass ein Beiboot fehlte. Und als man den Kapitän darüber informieren wollte, stellten sie mit Schrecken fest, dass der auch nicht mehr da war. Zu guter Letzt, obwohl es etwas nicht so Gutes war, fand die Mannschaft heraus, dass mit Klaas auch Holzbein und der große Schatz verschwunden waren. So ein Ärger! Flüche und wütende Schreie schallten über das Deck. Offensichtlich war mit dem Gold auch die gute Stimmung verschwunden. Eilig ließen Fiete und Tem die zwei übrigen Beiboote zu Wasser und suchten die nähere Umgebung und die Klippen ab. Der Rest der Mannschaft blieb an Bord. Sie bemühten sich, die Seekatze heil nach Hause zu steuern. Sehr langsam und mit vereinten Kräften – Enno und Jan versuchten gemeinsam, die Seekarte zu lesen – gelang die Einfahrt gegen Abend. Erst dann sah der Maat den Jungen nachdenklich von der Seite an.

„Du kannst lesen!", stellte er fest.

Jan nickte nur, und Enno nickte mit. Wie zwei Wackeldackel standen sie voreinander.

„Nicht schlecht", meinte der Maat. „Trotzdem sollten wir jetzt an Land gehen."

„Schon unterwegs!", meinte Jan lachend.

Die Matrosen in den Beibooten legten fast gleichzeitig mit der Seekatze an. Ihnen war das Lachen gründlich vergangen.

„Und?", fragte Enno.

„Nichts!", schimpfte Tem. „Als hätte das Meer diese Schurken verschluckt."

„Keine Spur von ihnen oder vom Schatz. Hoffentlich sind sie wenigstens ersoffen. Drecksschweine!", fluchte Fiete.

Jan und Johanna war es völlig egal, was aus Klaas und Owe oder dem Schatz geworden war. Sie hatten etwas viel Wertvolleres im Gepäck: das Wissen um die Dünenbeeren. Die Kinder sprangen an Land und rannten so schnell sie konnten nach Hause. Johanna drückte beim Laufen ihr Lesebuch fest an sich. Hein hatte es ihr aus der Kapitänskajüte mitgebracht.

„Warum ist Mama nicht hier am Steg?", rief Jan ihr zu. Angst schwang in seiner Frage mit. „Ich wette, sie hat das Schiff gesehen! Warum ist sie nicht hier und sieht nach, ob wir lebendig zurück sind?"

Johanna blieb stehen und schnappte nach Luft. Ihr wurde wieder schwindelig, deshalb verzichtete sie darauf, nach einer Antwort zu suchen.

„Lauf nur voraus!", keuchte sie, „Ich komme besser nach!"

„Sicher?", frage Jan. Er drehte sich zu ihr um.

„Klar! Lauf nur!"

Jan lief nun noch schneller. Als er an seinem Elternhaus ankam, bremste er kurz. Dann polterte er vor die Tür und riss sie auf. Johanna hörte Annas Schrei, obwohl sie noch ein gutes Stück entfernt war. Danach war alles still. Als das Mädchen zwei Minuten später auch in die Stube trat, lagen sich Jan und seine Mutter immer noch in den Armen. Anna weinte vor Freude.

„Jan, Jan! Was macht ihr nur für Sachen!", sagte sie immer wieder, bis sie Johanna entdeckte. „Johanna, endlich! Wir haben alles nach euch abgesucht! Ich habe so gehofft, dass ihr an Bord der Seekatze seid und wohlbehalten zurückkommt. Oh, es ist gut, dass ihr da seid, so gut!"

Sie drückte auch Johanna, als wollte sie sie für immer festhalten. Doch dann fasste sich Anna und schob die Kinder weg. Wie alt und mager sie aussah!

„Geht kurz auf den Dachboden!", forderte sie die beiden Heimkehrer mit leiser Stimme auf. „Vielleicht ist Emily wach geworden. Sie wollte unbedingt in deinem Bett liegen, Jan. Sie hat so sehr auf euch gewartet und die Hoffnung nie aufgegeben, euch noch einmal zu sehen." Sie sah ihrem Sohn fest in die Augen. „Nun kann sie sich doch noch von euch verabschieden. Sie wird uns verlassen und ist schon sehr schwach."

„Nein!", schrie Jan auf. Er blickte zum Dachboden. „Nein, nein und nochmals nein, es gibt eine Lösung! Emily!", rief er und flog die Leiter hinauf.

Anna schüttelte traurig den Kopf. Jans laute Stimme hatte die Kleine nicht geweckt. Hoffentlich war sie nicht schon zu schwach zum Aufwachen! Während der große Bruder sich über sie neigte und ihr vorsichtig einen Kuss auf die Stirn gab, setzte Johanna sich an den Küchentisch und schlug ihr Lesebuch vor der besorgten Mutter auf.

„Anna, hier! Sieh mal! Hein glaubt, es könnte sein, dass Emily die Seefahrerkrankheit hat, und mit diesen Beeren kann man sie heilen!", sagte Johanna und hielt Anna das Bild hin.

Anna wunderte sich nicht darüber, dass Johanna lesen konnte, aber sie musste sich jetzt auch setzen, so sehr wackelten ihr auf einmal die Knie.

„Was sagst du da?", fragte Jans Mutter und starrte auf das Lesebuch.

„Es könnte sein, dass es eine Medizin für Emily gibt, die sie wieder ganz gesund macht. Das Vitamin C in den Dünenbeeren."

„Dünenbeeren? Vitamin C?"

Anna schlug die Hände vors Gesicht und schüttelte den Kopf.

„Eine Medizin?", stöhnte sie. „Die direkt vor unserer Haustür lag?"

„Nicht lag, sie liegt!", korrigierte Johanna. „Noch ist es nicht zu spät! In meinem Buch steht, dass sich die Kranken schnell erholen, sobald sie dieses Vitamin C bekommen!"

Jan kam die Leiter heruntergeklettert und schnappte sich einen Eimer, um sofort Beeren sammeln zu gehen. Aber Anna hielt seinen Arm fest und stoppte ihn.

„Lass Jan, es hat keinen Zweck! Es sind keine mehr da."

„Warum nicht?"

Ihr Sohn runzelte die Stirn und meinte: „Die Beeren haben sie doch nie mitgenommen. Die mochte der Schwarze nicht."

„Er nicht, aber ausgerechnet jetzt haben unsere Leute angefangen, sie zu Schnaps zu brennen. Es gab nichts anderes mehr. Oben in den Gärten ist alles abgepflückt worden. Der Wirt hatte die Idee."

Anna klang mutlos. Doch so schnell wollte Johanna nicht aufgeben. Die Sauerkrautfässer waren leer, und es gab keine andere Lösung.

„Na und, dann müssen wir eben woanders suchen!"

„Woanders gibt es keine Dünenbeeren, ich kenne hier jeden Strauch!", erklärte Jan knapp und ließ sich auf einen Stuhl sinken.

„Das kann doch nicht wahr sein!", rief Johanna und rüttelte an Jans Schulter. „So kurz vor dem Ziel dürfen wir nicht aufgeben. Soll denn alles umsonst gewesen sein?"

Jan schwieg verzweifelt. Anna hob den Kopf, als es an die Tür klopfte.

„Herein?!", sagte sie leise.

Die Tür wurde langsam geöffnet. Der einäugige Smutje guckte ins Haus. In seiner Hand hielt er einen Eimer und Jans Buch.

„Guten Abend, Anna. Darf ich hereinkommen?", fragte Hein.

„Natürlich", versicherte sie und wischte sich schnell die Tränen aus den Augen.

„Jan hat das hier vergessen."

Der Smutje reichte dem Jungen das alte, schwere Buch. Doch Jan legte es achtlos auf den Tisch.

„Wie geht es Emily?"

Stumm schüttelte Anna den Kopf. Sie mochte nichts mehr über den Zustand ihrer Tochter sagen. Hein stellte den Eimer auf den Boden und lüftete den Deckel.

„Braucht ihr noch Dünenbeeren aus meinem Garten?"

„Jaaaah!"

Johanna reckte beide Arme in die Luft und schrie so laut, dass Hein zusammenzuckte. Jan fiel dem Smutje um den Hals. Anna sprang auf und drückte die Hand des Kochs, so fest sie konnte. Dabei bewegte sie seinen rechten Arm wie einen Pumpenschwengel an einem Wasserbrunnen. Sie pumpte so heftig, als wollte sie die ganze Küche fluten.

„Danke, danke!", flüsterte sie immer wieder und schüttelte dabei den Kopf. „Das werde ich dir nie vergessen!"

Hein brauchte etwas, um zu verstehen, was los war, aber dann sah man ihm an, dass es ihm gut gefiel, dass Anna seine Hilfe im Gedächtnis behalten wollte.

Jans Mutter richtete sich auf und reckte das Kinn wie ein Soldat, der in die Schlacht zieht. Doch nur kurz stand sie so da. Dann ging sie zu ihrem Regal, nahm ein Holzschüsselchen und einen Stößel heraus und begann, eine Handvoll der mehligen Beeren zu zerstoßen. Sie sammelte die Schalen heraus und vermengte alles mit einem Löffel Honig. Mit dem fertigen Brei in der Hand stieg sie zu Emily hinauf. Es war nicht viel in der Schüssel, aber vom Hustensaft trinkt man ja auch nicht gleich eine ganze Flasche. Vorsichtig weckte Anna ihre Kleine, indem sie sie aufrichtete, und flößte ihr entschlossen die orangene Medizin ein. Emily schluckte brav, aber nur langsam und mit großer Mühe, denn das Schlucken tat weh. Nach jedem Löffel brauchte sie eine Pause. Die anderen drei warteten unten und bereiteten sich selbst ein Abendessen zu. Leise flüsternd arbeiteten sie Hand in Hand. Schließlich kam Anna herunter und setzte sich zu ihnen an den Tisch.

„Sie hat alles aufgegessen und ist gleich wieder eingeschlafen", verkündete sie erleichtert. Vorsichtig legte Hein seine rechte Hand auf ihre Linke.

„Das ist ein gutes Zeichen, Anna“, sagte er und drückte ihre Hand kurz, „ein sehr gutes! Aber jetzt musst du auch etwas essen!“

Er ließ ihre Hand los. Gehorsam nahm Anna den Holzlöffel, und zum ersten Mal an diesem Tag erschien der Hauch eines Lächelns auf ihrem Gesicht. Obwohl es so viel zu erzählen gab, aßen sie schweigend. Plötzlich schien alles unwichtig zu sein. Nur Emily zählte noch. Als sie satt waren, sah Hein Anna von der Seite an.

„Wenn ich darf, bleibe ich und helfe Emily bei der nächsten Mahlzeit. Du siehst müde aus und solltest dich ausruhen“, schlug er leise vor.

„Nein, das geht nicht, ich muss für Emily da sein“, lehnte Anna ab. Sie hatte die Augen weit aufgerissen. Trotzdem sah sie nicht, dass Hein nach seinem Vorschlag rot geworden war.

„Anna, wenn es ihr schlechter geht, wecke ich dich sofort. Das verspreche ich dir. Jan und Johanna helfen mir. Zusammen räumen wir hier auf.“

Emilys Mutter schüttelte den Kopf.

„Kommt nicht infrage.“

Der Smutje sah Anna ins Gesicht. Sie wich seinem Blick nicht aus.

„Sei ehrlich, wie lange bist du schon auf den Beinen?“

Jans Mutter öffnete den Mund, aber es kam kein Wort heraus. Nervös biss sie auf die Fingerknöchel ihrer rechten Faust.

„Glaube mir, es ist besser so“, versicherte Hein und stand auf. Er fasste an die Rückenlehne ihres Stuhls. „Du brauchst jetzt Schlaf.“

Anna entschloss sich nachzugeben. Sie stand auf. Hein zog ihren Stuhl zurück.

„Du hast natürlich recht“, sagte Anna, und nun legte sie für einen kurzen Moment ihre Hand auf die Männerhand, die immer noch den Stuhl festhielt. „Danke.“

Hein nickte, und Anna ging zu ihrem Bett hinüber. Es tat gut, sich auszustrecken. Aber sie blieb angezogen, um jederzeit wieder aufspringen zu können.

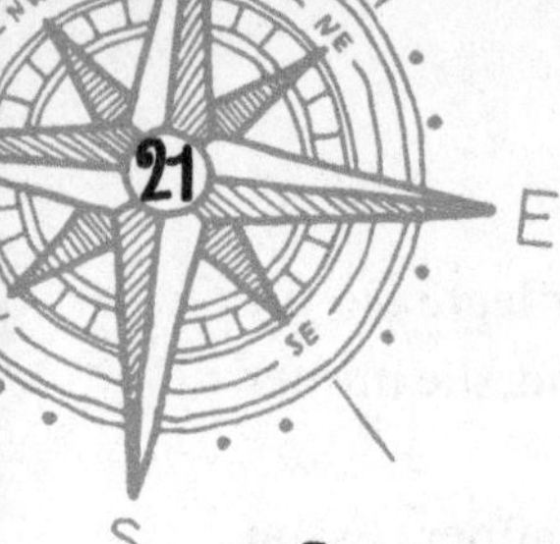

W wie Wunderbeeren

Als Johanna aufwachte, war es schon spät am Vormittag. Sie brauchte etwas, um ihre Gedanken zu sortieren, und war verwirrt. Warum schwankte das Bett nicht? War es so windstill heute? Da fiel ihr Emily ein, und sie wusste wieder, wo sie war. Wie es Jans Schwester wohl heute ging? Johanna setzte sich mit einem Ruck auf und sah um sich.

„Guten Morgen!", schallte es fröhlich vom Küchentisch. Puh! Da saßen Jan, Hein und Anna und wirkten alles andere als traurig. Also konnte es um Emily nicht so schlimm stehen.

„Guten Morgen!", grüßte sie zurück. „Wie geht es Emily?"

„Viel besser", antworteten die Erwachsenen wie aus einem Mund, und Jan nickte zur Bekräftigung.

„Sie hat in der Nacht noch mal Beerenmus gegessen und einen ganzen Becher Wasser ausgetrunken. Als ich ihr heute Morgen die dritte Portion gab, hat sie mich zum ersten Mal wieder angelächelt."

„Gelächelt?"

„Ja, die letzten Tage war sie selbst zum Lächeln zu schwach." Anna sah von Johanna zu Hein. „Eure Beeren wirken wirklich Wunder. Das Zahnfleisch blutet nicht mehr."

Hein fasste nach Annas Hand.

„Ich gehe gleich frische holen. Gut, dass ich mich darauf verlassen kann, dass sich niemand an meinem Garten vergreift. Alle wissen, dass ich die meisten Pflanzen als Medizin verwende. Selbst der Wirt hat so weit gedacht“, stellte er zufrieden fest.

In den nächsten Tagen verbesserte sich Emilys Zustand weiter. Johanna und Jan überboten sich gegenseitig darin, ihr alle möglichen Leckerbissen zukommen zu lassen. Es war einfach zu schön, dass sie endlich wieder Appetit hatte! Stundenlang streunten sie durch den Wald und sammelten essbare Beeren. Sie mussten weit laufen, aber langsam reiften die Kratzbeeren heran, und es gab noch ein paar späte Waldheidelbeeren. Auch die Augustäpfel waren endlich groß genug und fingen an, genießbar zu werden.

Aber nicht nur Emily, das ganze Dorf schien aufzuleben, seit nicht nur der Schwarze Piet, sondern auch Klaas und Holzbein fort waren. Die Bewohner lächelten wieder öfter. Sie waren zwar nicht zu schwach, aber wohl lange Zeit zu ängstlich dazu gewesen. Dadurch schien Johanna die Sonne heller, und der Himmel kam ihr blauer vor. Die Menschen sangen und pfiffen plötzlich wieder bei der Arbeit, sie scherzten und lachten miteinander. Nun, da sie darauf hoffen konnten, die Früchte der Mühe selbst zu genießen, waren die Dorfbewohner voller Tatendrang.

Nur die Mannschaft der Seekatze wirkte so fehl am Platz wie Fische auf dem Trockenen. Ein paar Tage hatten sie noch die Küste und die Klippen abgesucht, weil doch das kleine Boot nicht auf das offene Meer hinausgefahren sein konnte. Aber es war nirgends zu entdecken. Der Schmied vermisste einen Bollerwagen, aber keiner wusste, ob das etwas mit dem flüchtigen Kapitän zu tun hatte. Schließlich mussten sie die Suche aufgeben. Es gab nichts mehr, was noch zu tun übrig blieb, keine Spur, die man verfolgen konnte. Die Wut auf Klaas und Hinkebein hatte

langsam nachgelassen, und niemand aus der alten Mannschaft wusste so recht, was er mit seiner freien Zeit anfangen sollte. Ohne ihren Kapitän waren sie führer- und ideenlos. Auch einen Steuermann gab es nicht mehr. Jan und dem Maat traute noch niemand zu, ihn zu ersetzen. Außerdem hätte Jan sich geweigert, diese Aufgabe zu übernehmen, falls man ihn gefragt hätte. Da Klaas und Hinkebein die Schusswaffen mitgenommen hatten, konnte damit niemand mehr zu etwas gezwungen werden, was er nicht tun wollte.

Die Dorfbewohner hatten die Zeit nämlich gut genutzt. Mit dem Smutje an der Spitze war es ihnen gelungen, sich ebenfalls leicht zu bewaffnen. Der Schmied hatte dafür gesorgt, dass sie nicht mehr ganz so wehrlos waren. So leicht ließ sich niemand mehr einschüchtern. Tem war schon gleich nach der Ankunft einfach nach Hause zu seiner Familie gegangen und machte sich auf die Suche nach einem Stück Land, das er bebauen konnte.

„Ich habe das Piratenleben satt. Es hat mir nie gefallen", war sein knapper Kommentar.

Doch es schien, als hätten auch die anderen keine Lust mehr, von Überfällen zu leben. Die Rumfässer waren leer, und da Rick vom Wirt nichts ohne Gegenleistung bekam, war er gezwungen, nüchtern zu sein. Nach ein paar Tagen der Raserei fing er an, diesen Zustand zu mögen. Von Weitem sahen die arbeitslosen Seeräuber jetzt beinahe friedlich aus. Doch die Leute vom Donnerfelsen trauten dem Frieden aus guten Gründen nicht und wollten nichts mit den Männern zu tun haben, unter deren Gewaltherrschaft sie so lange gelitten hatten. Fast konnten einem die Piraten leidtun, aber nur fast. Man darf nicht so einfach vergessen, wie böse sie gewesen waren! Auch wenn sie nun herren- und tatenlos herumstanden und aufs Meer blickten.

„Wir dürfen uns das nicht länger mit ansehen“, sagte Hein zu Anna. „Jemand muss die Führung übernehmen und ihnen etwas zu tun geben. Sonst kommen sie doch wieder nur auf dumme Gedanken!“

„Da hast du vollkommen recht!“, stimmte Jans Mutter zu. „Hast du schon eine Idee?“

Hein rückte seine Augenklappe zurecht.

„Zuerst rede ich mit Geert. Er ist vernünftig.“

Das tat Hein, und dann half Anna ihm und Geert, die Vorschläge mit den Dorfleuten abzustimmen. Schließlich rief der Smutje alle Matrosen zur Beratung an Bord der Seekatze zusammen.

„Männer! Das, was wir getan haben, war falsch. Wir müssen damit aufhören und neue Wege gehen!“, begann Hein seine Rede.

Die Matrosen warteten schweigend ab. Man konnte den meisten ansehen, dass sie sich unwohl in ihrer Haut fühlten. Andere blickten trotzig. Wer wusste schon, was richtig und falsch war?!

„Was haltet ihr davon, mit der Seekatze in Zukunft Fische zu fangen?“, fragte der Smutje. „Das Schiff könnte dafür ohne viel Aufwand umgebaut werden, sagt Geert.“

„Das könnte es“, bestätigte der Zimmermann. „Für den Fischfang braucht man nicht so viel Besatzung wie auf einem äh ...“, er mochte das Wort *Piratenschiff* nicht aussprechen, „... wie für Überfälle“, fuhr er fort. „Also wären Männer übrig, die mir zur Hand gehen und die ich ausbilden könnte.“

„Genau“, übernahm Hein wieder. „Im Ort gibt es genug zu tun. Dächer sind undicht, Wände wackeln. Wenn wir mit Geerts Hilfe die Häuser im Ort ausbessern, könnten wir den Dorfbewohnern einen Teil des Schadens ersetzen und durch diese Hilfeleistung

vielleicht ihr Vertrauen zurückgewinnen", erläuterte er die Chance auf einen Neuanfang. „Später könnten wir ein zweites, kleineres Schiff bauen. Auch dabei gäbe es genug Arbeit für alle. Wir müssen Bäume fällen und sie zu Brettern verarbeiten, und Annas Sohn hat auch noch einen Vorschlag."

Jan stand auf. Er sprach ruhig und überlegt, als hätte er seine Rede mit Johanna geübt.

„Ich wäre bereit, zwei Männern das Lesen beizubringen. Gemeinsam könnten wir lernen, Seekarten zu lesen, und sie dann kopieren, damit beide Schiffe sicher aus dem Hafen hinaus und hinein kämen. Einer davon sollte Hein sein. Dann könnte er auch sein Wissen über die Krankheiten schriftlich sammeln. Das ist sicherer, als wenn er es nur im Kopf hat. Wir stünden dumm da, wenn er ihn mal verliert."

Unter dem Gelächter der Männer setzte sich Jan wieder. Die einzelnen Punkte waren schnell genannt worden, aber die Diskussion der Männer dauerte mehrere Stunden. Hein musste noch viele kurze Reden halten, um die guten Ideen zu erklären und so die Mehrheit der Truppe hinter sich zu bringen. Denn darum geht es in der Politik, um Mehrheiten. Sie sind wichtig, wenn man etwas bewegen will. Und es gelang Hein tatsächlich, die Piraten von den Vorteilen eines friedlichen Lebens zu überzeugen. Die Mannschaft wurde sich einig, den Smutje zum neuen Kapitän und Geert zu seinem Stellvertreter zu wählen. Im Dorf am Donnerfelsen brachen neue Zeiten an.

Als ganz sicher war, dass Emily die Krankheit überleben würde, wagte Johanna es, Jan an sein Versprechen zu erinnern, ihr den Weg nach Hause zu verraten. Er wurde rot im Gesicht und brachte kein Wort heraus. Johanna dachte, sie wüsste, wie ihm zumute war und dass es der Gedanke an den bevorstehenden

Abschied sei, der ihn verstummen ließ. Damit hatte sie sich auch erklärt, dass er so gar kein Interesse mehr an seinem kostbaren Buch zeigte. Er hatte in den letzten beiden Tagen gar nicht weiter versucht, die seltsamen Buchstaben zu entziffern. Johanna waren sie völlig fremd. Es war weder Schreib- noch Druckschrift, und die meisten Zeichen kamen ihr unbekannt vor. Sie hatten nicht einmal den Titel des Buches entziffern können, und sie selbst verspürte auch keine Lust, weitere Zeit daran zu verschwenden, jetzt, wo sie vielleicht nach Hause kommen konnte. Aber Jan ließ sich von so einem Rätsel doch normalerweise nicht stoppen. Das sah ihm überhaupt nicht ähnlich.

Sie saßen am Strand der kleinen Bucht, in der Jan das Schwimmen gelernt hatte, und Johanna spielte mit den zarten weißen Muscheln neben sich. Wie von selbst entstanden Buchstaben und Worte. Johanna merkte es kaum, so sehr konzentrierte sie sich auf das, was sie sagen wollte.

„Jan, du weißt, ich habe Emily und Anna lieb."

Neben ihr im Sand stand Emilys Name. Johanna wischte die Muscheln durcheinander.

„Ja, ehrlich, und auch dich, wie ... wie einen Bruder."

Obwohl ich gar nicht weiß, wie ich einen Bruder lieb haben würde, dachte sie. Aber diesen Gedanken sprach sie nicht aus. „Ihr seid für mich wie meine eigene Familie geworden. Die Vorstellung, euch zurückzulassen, ist ganz schrecklich, aber ..." Jetzt steckte sie doch fest und nagte an ihrer Unterlippe. Ihre Finger legten ein neues Wort in den Sand. „Aber ich will trotzdem nach Hause. Ich möchte nach Hause, wie die anderen Besucher, die hier bei euch waren. Mama wird mich furchtbar vermissen und sich große Sorgen machen." Das nächste Wort im Sand hieß *Mama.* „Ihr habt euch wenigstens gegenseitig. Sie hat doch nur mich."

Jan schaute gequält auf seinen Schoß. Johanna berührte ihn leicht am Arm und beugte sich zu ihm.

„Und jetzt sagst du mir, wie ich wieder nach Hause komme, ja? Wie ich wieder zurückkommen kann, nicht wahr? Du verrätst mir, wie es die anderen Besucher aus meiner Welt gemacht haben."

Jan stöhnte, als sei ihm nicht ganz wohl. Er drehte den Kopf weg und blickte hinaus aufs Meer. Seine Finger griffen in den Sand. Es sah aus, als hätte er ein schlechtes Gewissen. Johanna runzelte die Stirn. Die Wellen plätscherten an den Strand. Plötzlich störte Johanna dieses Geräusch.

„Es ... es gab niemals einen anderen Besucher."

Johanna brauchte etwas Zeit, bis Jans Worte von den Ohren in ihren Kopf gewandert waren. Doch dann war ihr schlagartig klar, was das bedeutete, und entsetzt riss sie die Augen auf. Sie sprang hoch. Ungläubig starrte sie den blonden Jungen von oben herab an.

„Was sagst du da?" Ein Schauer durchfuhr ihren Körper und blieb als stechender Schmerz in ihrem Brustkorb zurück. „Das ist nicht dein Ernst! Das ist nicht wahr!", stieß sie mühsam hervor.

Jan stand nun auch auf und guckte schuldbewusst.

„Leider doch", ächzte er, „glaub mir, es ... es tut mir so furchtbar leid, Johanna. Ehrlich! Besonders nach allem, was du für Emily und mich getan hast. Ich ... ich ..." Seine Stimme wurde zu einem Flüstern. „Aber ich habe keine Ahnung, wie du zurück nach Hause kommst." Er zuckte hilflos die Schultern. „Ich habe dich angelogen. Es ... es tut mir leid!" Plötzlich schrie er fast.

Johanna wurde abwechselnd heiß und kalt. In ihren Ohren rauschte es, als würden sich Ebbe und Flut in ihren Adern abwechseln. Zum Schluss wich alles Blut aus ihrem Gesicht und raste in einer Riesenwelle zurück ins Herz, mitten in den Schmerz. Sie schwankte. Jan trat einen Schritt vor und wollte das Mädchen festhalten, das auf einmal so schwach wirkte. Doch sie stieß ihn grob zurück.

„Du gemeiner Lügner!"

Ihre Stimme klang tonlos. Jetzt war ihr klar, warum Mama Lügen so hasste. Es tut so weh, wenn die Wahrheit herauskommt. In diesem Moment zerbricht das Vertrauen zwischen zwei Menschen wie Glas, und nur Scherben bleiben zurück, an denen man sich verletzt.

„Hör mir bitte zu!", flehte Jan. „Ich mache es wieder gut, ganz bestimmt! Ich werde alles tun, um dir zu helfen. Wenn du irgendwie hierhergekommen bist, muss es doch auch einen Weg zurück geben."

Johanna hörte ihn zwar, doch die Worte blieben diesmal in ihren Ohren stecken. Ihr fehlte der Glaube. Lügen machen misstrauisch, und sie sind ansteckend wie eine Krankheit. Sie selbst hatte Anna und Emily belogen, weil Jan es so wollte. Jetzt wurde ihr Gesicht rot vor Wut.

„Ich hätte es schon viel früher wissen müssen, so gut wie du Geschichten erfinden kannst! Du Märchenerzähler!"

Fest presste sie ihr Lesebuch an sich. Wütend zu sein fühlte sich gut an. Es machte sie stark, jedenfalls für den Moment, und es half gegen die Angst. Die Angst, die immer größer wurde und ihre Enttäuschung über Jans Lüge langsam verdrängte. Seine Lüge war nur ein kleiner Sandhügel verglichen mit dem Berg des Schreckens, der sich auf einmal wieder vor ihr auftürmte: die Riesenangst, nie, nie mehr nach Hause zu kommen!

Z wie zurück

In dem kleinen Häuschen direkt am Donnerfelsen saßen alle wie betäubt da. Erst war eine wütende Johanna hereingestürmt, die seltsame Dinge erzählte. Noch bevor Hein und Anna klar war, wovon sie sprach, hatte sich Jan wie ein geprügelter Hund angeschlichen und hockte nun auf dem Fußboden. Johanna strafte ihn mit Missachtung. Ihre Augen sprühten immer noch Funken. Niemand wusste, was er sagen sollte, nachdem Johanna fertig war. Zu unglaublich klang die Geschichte.

„Es tut mir leid. Aber nun wisst ihr wenigstens die Wahrheit. Und ich habe keine Ahnung, wie ich zurückreisen kann."

Erschöpft hielt sie inne, und die aufsteigenden Tränen erstickten das Feuer in ihren Augen. Sie schluckte. Anna zog Johanna auf ihren Schoß und umarmte das Mädchen. Es fühlte sich nicht heißer an als sonst. Also kein Fieber, so viel stand fest. Niemand sagte ein Wort. Hein sah Anna fragend an. Die nickte nachdenklich und strich Johanna eine braune Strähne aus dem verschwitzten Gesicht. Dann brach sie das Schweigen.

„Das beantwortet so manche Frage, die ich mir gestellt habe. Du bist so anders als die Mädchen hier, und ich weiß, dass es einiges unter der Sonne gibt, das uns unbekannt ist. Warum soll es nicht auch eine ganze Welt geben, die wir mit unseren Augen noch nicht gesehen haben?"

„Du glaubst mir?", fragte Johanna verblüfft.

Jetzt, wo sie sich alles von der Seele geredet und ihre Sorgen herausgeweint hatte, fühlte sie sich leer, aber erleichtert. Doch das hatte sie nicht erwartet.

„Ach, ich habe dir nie ganz geglaubt, dass du nur aus dem Osten kommst", antwortete Anna lächelnd, und auch Hein grinste. Offensichtlich hatten die beiden über sie gesprochen.

„Die haarsträubende Geschichte, die ich auf der Seekatze zu hören bekommen habe, habe ich euch auch nicht abgenommen", gab der Smutje zu. „Dein Buch ist vielleicht ein bisschen nass geworden, aber es hat ganz bestimmt nicht im Meer gelegen. Wir hatten vermutet, dass du vielleicht über das Moor gekommen bist, auch wenn das unmöglich sein soll."

„Nun, da du ehrlich mit uns bist ..." Anna warf einen kurzen Seitenblick auf Jan, „... und der junge Mann hier neben mir hoffentlich auch seine Lektion gelernt hat, können wir alle zusammenarbeiten, um dir zu helfen."

Jan nickte zerknirscht. Oh, wie er sich schämte! Sein Gesicht glühte vor Scham.

„Es tut mir leid", sagte er.

Johanna gab sich einen Ruck. Es brachte sie ihrem Ziel nicht näher, wenn sie noch länger sauer auf Jan war. So ging sie auf ihn zu.

„Es ist in Ordnung. Ich will versuchen, es zu vergessen. Wenn ich nicht hier gewesen wäre, hätten wir nichts von den Dünenbeeren gewusst."

Ihre Augen wanderten hinüber zu Emily, die auf dem Bett saß und gleichmütig schnitzte, so als hätte sie nichts von dem ganzen Streit mitbekommen. Aber Johanna wusste, wie gut die Ohren der kleinen Schwester in der Nacht funktionierten, auch wenn man leise flüsterte. Tagsüber war sie erst recht hellwach.

„Was nicht heißt, dass deine Lüge erlaubt war!", stellte sie klar und wandte sich wieder Jan zu. „Ich hätte doch auch ohne dein Märchen bleiben müssen. Erst mal jedenfalls. Solange, bis wir einen Rückweg gefunden hätten."

Jan guckte vor sich auf den Boden. „Nein, lügen ist nicht erlaubt. Das weiß ich", sagte er leise. „Aber als ich dieses Buch sah und du gesagt hast, dass man damit lesen lernen kann, da konnte ich nur noch an mich denken. Ich musste lesen, und ich brauchte dich dazu." Jetzt sah er in Johannas Gesicht und lächelte sie an. „Und du hast nicht so ausgesehen, als wenn du mir freiwillig geholfen hättest."

Johanna musste plötzlich lachen.

„Das hätte ich sicher nicht, so wütend, wie ich auf alles und jeden war", gab sie zu.

„Es tut mir wirklich leid", beteuerte Jan erneut.

„Vergeben und vergessen", sagte das Mädchen und streckte eine Hand aus. Jan ergriff die Hand, und Johanna zog ihn nach oben.

„Danke, Johanna!", sagte Jan und atmete erleichtert auf. „Wenn es einen Weg zurück gibt, dann finden wir ihn gemeinsam!", versprach er.

„Und ich helfe euch."

Das war Emily gewesen. Sie hatte das Holz zur Seite gelegt und stand auf. Alle guckten überrascht zu ihr, nur Johanna wunderte sich nicht, dass die Kleine sich eine eigene Meinung gebildet hatte.

„Ist doch klar, Johanna gehört zu ihrer Mutter", erklärte sie. „Da müssen einfach alle helfen, das Rätsel zu lösen!"

Dann umarmte sie das große Mädchen. So sah niemand, dass sie ein bisschen weinte.

„Danke, kleine Schwester“, sagte Johanna und schluckte. Sie wusste genau, dass sie Emily schrecklich vermissen würde.

In den folgenden Tagen gab es kein Gewitter. Nicht einmal richtige Wolken zeigten sich am Himmel. Johannas Ungeduld wuchs so sehr, dass sie innendrin ganz kribbelig wurde. Aber ohne einen Blitz brauchte sie es gar nicht zu versuchen, da waren sich alle einig. Das Buch, der Baum und ein Blitz, das gehörte zusammen. Nur so schien es ihnen logisch.

In der Zwischenzeit bestand Anna auf der Geburtstagsfeier, die sie Johanna versprochen hatte.

„Es ist doch dumm, das schöne Wetter nur dazu zu nutzen, auf schlechtes zu warten“, meinte Jans Mutter. „Warum sollen wir nicht alle einen freien Tag einlegen und zusammen einen Ausflug machen?“

Jan freute sich.

„Einen Ausflug? Nur so, zum Spaß?“

Wann hatte es das in seinem Leben zuletzt gegeben? Er konnte sich gar nicht mehr daran erinnern.

„Kommt Hein auch mit?“, fragte Emily unschuldig.

Anna errötete leicht.

„Wenn du das möchtest, dann darf er auch mitkommen.“

Die Kleine sprang auf und drehte sich vor Freude im Kreis. Anna bekam feuchte Augen. So war es richtig! So musste ein kleines Mädchen herumhüpfen!

Wenn Johanna später an diesen Tag zurückdachte, lief ihr immer noch das Wasser im Mund zusammen. Frisch gebratener Fisch, Kartoffeln, Rühreier und Annas fantastischer Honigkuchen! Was für ein Glück, dass auf dem Markt im Hafen neben vielen anderen

Dingen auch wieder Getreide eingetauscht werden konnte. Seit die Seekatze nur noch Fische fing und den Handelsschiffen vor dem Donnerfelsen friedlich begegnete, waren wieder kleinere Tauschgeschäfte im Gange.

Auch der Ausflug über die Heide zum Rand des großen Moores war unglaublich schön gewesen. Zwar mussten sie lange laufen, aber das machten Jan und Johanna gern, und Emily saß öfter im Leiterwagen und ließ sich ziehen. Hein führte sie sicher durch einen kleinen Teil des immer feuchten Gebietes. Er wollte ihnen unbedingt die besonderen Pflanzen zeigen, die nur dort wuchsen, und achtete darauf, dass sie auf den festen Wegen blieben. Fasziniert beobachteten sie, wie der Sonnentau eine kleine, träge Fliege fing, und bewunderten die in allen Farben schillernden Libellen: fliegende Juwelen, die sich gern zum Ausruhen auf Binsenhalme setzten. Hier, über dem Meer und unter einer freundlichen Sonne, zwischen Vögeln und Hummeln ließ sich gut nachdenken. Johanna beschrieb mehrmals ganz genau, was sie getan und gesagt hatte, bevor der Blitz einschlug. Am Spätnachmittag kamen sie dann wieder im Wäldchen auf der anderen Seite des Dorfes an. Schließlich führte der Rückweg auch an dem Zauberbaum vorbei.

„Ich bin mir sicher, dass ein Blitz die Linde getroffen hat und auch, dass es dieselbe Linde war wie diese hier in den Dünen. Exakt der gleiche Baum bei mir und bei euch", sagte Johanna noch einmal.

Prüfend traten die Ausflügler näher und begutachteten den Stamm.

„Seltsam, dass der Einschlag keinerlei Brandspuren hinterlassen hat", wunderte sich Hein und strich über die raue Rinde. „Der Baum sieht vollkommen unversehrt aus. Vielleicht gehört das zu dem Zauber dazu?"

Verrückt genug war das Ganze ohnehin. Warum sollte der Baum dann nicht auch spurlos Blitze vertragen?

„Beim nächsten Gewitter versuchen wir es also an diesem Baum", bestimmte Hein und wandte sich auf den Trampelpfad, der die Dünen hinunterführte. „Johanna wirft ihr Buch wütend dagegen, und wir hoffen, dass auch genau dann ein Blitz einschlägt", seufzte der Smutje.

Wütend kann ich gut, dachte Johanna, *ich brauche bloß an den Schwarzen Piet zu denken! Aber Hein hat recht, der Blitz ist das Problem ...*

Es kann nämlich keiner wissen, wann genau ein Blitz über den Himmel zuckt und wenn, ob er gerade einen bestimmten Ort trifft. Deshalb soll man sich bei Gewitter auch in geschlossene Räume flüchten und nicht draußen herumlaufen. Helden machen aber manchmal dumme oder gefährliche Sachen. Sonst wäre es nicht so spannend. Aber zurück zu Johanna ...

„Sonst muss sie eben mehrmals werfen, bis es klappt", sagte Jan gerade. „Vielleicht wird die Linde bei jedem Gewitter getroffen und bleibt unversehrt."

Plötzlich fiel Johanna etwas ein. Sie schlug sich vor die Stirn.

„Natürlich, das war es! Ich habe etwas gerufen, als ich das Buch warf."

„Und was?", fragte Jan.

„Das weiß ich leider nicht mehr", sagte Johanna. „Was war es bloß?"

„Vielleicht ist es auch nicht so wichtig."

„Du machst den Abflug!"

„Wie bitte?", fragte Jan.

„Das habe ich gerufen: Du machst den Abflug!"

Dann stockte sie. Oder war das doch falsch?

„Wir werden es einfach ausprobieren", schlug Anna vor.

„Wie weit warst du eigentlich von dem Baum entfernt?"

Heins Frage war berechtigt, und Johanna versuchte, den Abstand vom Balkon bis zu der Linde zu schätzen. Sie wusste, dass sie einen kleinen Ball zwanzig Meter weit werfen konnte. Doch ein Buch? Sie beschloss, es Hein zu zeigen, und machte ein paar Schritte von der Linde weg. Johanna war nun etwa zehn Meter von dem Baum entfernt.

„Ungefähr so weit", antwortete sie.

„Dann ist es wohl gut, wenn wir uns etwas von dir entfernt halten, sonst gelangen wir womöglich mit in deine Welt", überlegte der Smutje laut. „Sicher ist sicher!"

Johanna nickte nur. So weit hatte sie gar nicht gedacht.

Nun lag auch der Ausflug schon mehrere Tage zurück, und endlich, endlich begann ein Tag, der ein Gewitter versprach. Der Wind hatte aufgefrischt, und der Himmel war voller Wolken. Sie ballten sich erst zu Haufen zusammen und wurden dann zu Gebirgen. Noch regnete es nicht, aber das konnte nicht mehr lange dauern. Wohl zum hundertsten Mal verabschiedete sich Johanna von Anna und Emily. Sie versprach der Kleinen, die Kette mit dem hölzernen „D" immer bei sich zu tragen. In der Ferne hörten sie Donnergrollen.

„Wir sollten los", mahnte Hein und meinte nur sich und Jan damit. Anna und Emily würden zu ihrer eigenen Sicherheit lieber zu Hause bleiben. Es gab ohnehin an der Linde nichts für sie zu tun. Hier lag alles an Johanna.

„Ich wünsche dir so sehr, dass es gleich heute klappt. Grüße deine Mutter von mir und sage ihr, dass sie sehr stolz auf dich sein kann. Ich bin dankbar, dass du hier warst", gab die blonde, kleine Frau Johanna mit auf den Weg.

Das Mädchen drückte beide noch einmal ganz kurz und riss sich dann los. Entschlossen stapfte sie davon. Sie trug die gleichen Sachen wie bei ihrer Ankunft und drehte sich nicht um, sonst hätte sie sicher losgeheult. Jan und Hein gingen neben ihr her. Noch ehe die ersten dicken Tropfen fielen, hatten sie den Baum erreicht, von dem alles abhing. *Ist er wirklich das Tor in meine Welt?,* fragte sich Johanna. Ein Blitz zuckte über den Himmel, aber es dauerte lange, bis es donnerte. Das Gewitter war noch zu weit entfernt.

Johanna ließ das Buch in dem Segeltuch, um es vor der Nässe zu schützen, und stellte sich mit ihren Begleitern unter eine kleine Eiche. Die Linde war im Umkreis der größte Baum, sodass es nicht wahrscheinlich war, dass die Eiche die Blitze anziehen würde. Bis das Gewitter hier war, würde sie zumindest ein wenig Schutz vor dem Regen bieten. Gerne hätte Johanna die Zeit genutzt, um mit Hein und Jan zu reden, aber es fiel ihr nichts ein, was wichtig genug war; vielleicht war einfach alles gesagt.

So verging Minute um Minute. Schweigsam starrten alle drei in den Regen, der in langen Fäden zur Erde fiel. Er wusch den Staub und die Hitze aus der Luft, und das gleichmäßige Rauschen dämpfte Johannas Aufregung ein wenig. Dann war das Gewitter am Donnerfelsen angekommen. Blitz und Donner fielen fast zusammen, sodass Johanna, Jan und Hein schnell wieder Abstand zum Baum suchten.

„Auf Wiedersehen, ihr beiden! Ich meine, falls ich gleich weg bin. Vielen Dank für alles", verabschiedete sich Johanna vorsichtshalber. Hein und Jan umarmten sie kurz und wünschten ihr Glück. Johanna holte tief Luft und nahm das Lesebuch aus seiner

schützenden Hülle. „Du hast ja nun ein eigenes Buch“, wandte sie sich an Jan. „Wirst du weiter versuchen, die seltsame Schrift in dem Buch zu entziffern?“

„Sobald du unsere Welt verlassen hast, werde ich jede freie Minute darauf verwenden“, versprach Jan.

„Gut.“

Johanna nickte zufrieden und bedauerte sich nur kurz, dass sie nicht mehr erfahren würde, ob und wie Jan dieses Buchstabenrätsel löste. Es war wichtiger, nach Hause zu kommen. Jetzt nahm sie allen Mut zusammen und wagte einen ersten Versuch.

„Du machst den Abflug!“, brüllte sie und warf das Buch mit voller Kraft von sich.

Ohne aufzublättern, traf es den Stamm. Johanna kniff vor Schreck die Augen zu und duckte sich instinktiv, als ein grelles Licht aufleuchtete. Der Blitz hatte tatsächlich in den Baum eingeschlagen! Ihr Herz klopfte wie wild. Hatte es funktioniert? Als sie sich traute, die Augen zu öffnen, sah sie denselben kleinen Wald und das Meer. Ihr Blick fiel auf Jan und Hein, die sich in einiger Entfernung in eine Sandkuhle geduckt hatten. Enttäuscht ließ sie die Schultern sinken. Sie bückte sich und hob das Buch auf.

„Das war es nicht“, stellte sie fest.

Hein und Jan kamen angelaufen.

„Ich habe genau gesehen, dass alles richtig war!“, behauptete Jan. „Buch und Blitz am Baum, genau gleichzeitig.“ Er sprach sehr laut, weil der Wind so durch die Blätter rauschte.

„Was heißt schon richtig? Vielleicht warst du nicht wütend genug?“, überlegte Hein. Regenwasser lief ihm aus den Haaren über das Gesicht. „Versuch es einfach noch mal! Gleich kommt der nächste Blitz.“

Er lief zurück zur Mulde. Johanna feuerte das Buch zum Baum und wiederholte ihren Spruch. Blitz. Donner. Der Baum war getroffen. Und wieder nichts. Also noch einmal von vorn. Sie holte erneut aus.

„Du machst den Abflug!“, schrie sie in den Himmel.

Wieder schlug ein Blitz in die Linde ein. Es war einfach nicht zu glauben. Sie war immer noch unversehrt! Und Johanna war immer noch da. Nur etwas nasser und noch ein bisschen verzweifelter als zu Beginn. Mit jedem untauglichen Versuch fiel es ihr schwerer, wütend zu sein. Wütend zu sein war so furchtbar anstrengend. Sie änderte den Abstand zum Baum, sie änderte die Worte. Sie wurde nass bis auf die Haut. Vergeblich. Das Buch sah schon ziemlich lädiert aus. Johanna fürchtete, es würde bald auseinanderfallen. Auch Jan und Hein wussten nicht weiter. Und das Gewitter ebbte bereits ab. War es noch nah genug? Erschöpft lehnte sich Johanna schließlich an den immer noch ungerührt dastehenden Baum. Sie legte die Arme an den dicken Stamm und weinte in den Donner hinein. Kein klitzekleiner Rest Wut war mehr übrig.

„Ich möchte doch so gern nach Hause“, flüsterte Johanna mutlos.

Sie hielt das aufgeweichte Buch fest in den Händen und presste es gegen die Rinde. Doch da! Was war das?! Auf einmal glitt das Lesebuch in den Stamm hinein wie ein Messer in weiche Butter. Hein und Jan staunten von Weitem. Johannas Buch war verschwunden! Und dann schien das Mädchen vor ihren Augen im Regen zu zerfließen.

„Das Gegenteil war die Lösung!“, hörte Johanna Hein noch verblüfft sagen, dann brauste es nur noch in ihren Ohren.

Die Stimme entfernte sich immer weiter. Bald konnte das Mädchen nichts mehr verstehen. *Das Gegenteil? Das Gegenteil!,*

dachte sie. War es so einfach? Alles drehte sich. Blitz und Donner. Schreien und Flüstern. Werfen und Festhalten. Das reinste Karussell. Plötzlich stoppte es. Die Welt stand wieder still, und Johanna hörte Vögel zwitschern. Vorsichtig drehte sie den Kopf nach links, die Hände immer noch mit dem Buch am Stamm. Da stand ihr Haus! Tatsächlich! Und da war ihr geliebter Garten. Sie hob den Kopf und blickte in einen strahlend blauen Himmel. *Ich bin zurück!*, dachte sie. Und wie so oft war die Lösung anders gewesen als erwartet.

Epilog

Noch einmal schloss Johanna die Augen und sog den betörenden Duft der Lindenblüten ein. Irgendetwas verwirrte sie, doch sie wusste nicht, was. Rasch schlug sie die Augen wieder auf. Mama! Bestimmt war sie außer sich vor Sorge! Das Mädchen lief zur Haustür.

„Nanu?"

Erstaunt starrte sie auf ihren Schlüssel, der im Schloss steckte. Sie schüttelte den Kopf und schloss auf. Triefnass trat sie in den Hausflur und zog sich bis auf die Unterwäsche aus. Das nasse Buch legte sie auf die Stufen.

„Mama!", rief sie. Niemand antwortete. „Mama?", fragte sie.

Alles blieb still, nur ein leichter Sauerkrautgeruch wehte durchs Haus. Johanna ging ins Bad, trocknete sich mit den flauschigen Handtüchern ab und vergrub ihre Nase darin.

„Hmm! Das riecht nach zu Hause!"

Sie zog ein frisches T-Shirt und ihre Jogginghose an. Dann krabbelte sie auf ihr Bett, um auf ihre Mutter zu warten. Doch noch ehe sie sich richtig zugedeckt hatte, schlief Johanna ein. Wilde Träume wechselten einander ab, als würde jemand mit der Fernbedienung durch ihr Gehirn zappen. Alles ergab ein ziemlich sinnloses Durcheinander. Sie war auf der Seekatze, eine Sanddornhecke überwucherte die Reling. Als sie von den Beeren essen wollte, streckte ein riesiger Baum seine Arme nach ihr aus und versuchte, sie ins Wasser zu werfen. Der Baum trug rote Locken und einen dreizackigen Hut. Es regnete Fische auf sie herab, deren Leiber wie Blitze grell zuckten, lauter Donner ließ die Erde erzittern. Das Schiff schwankte hin und her. Eine fliegende Geige mit Gesicht lachte sie aus. Jetzt packte der Baum sie. Er schrie sie an und schüttelte sie. Ganz fest schüttelte er.

„Lass mich in Ruhe!", wollte sie rufen und sich von den Händen losreißen, als ihr die Stimme des Baumes auf einmal bekannt vorkam.

„Sag mal, hast du den ganzen Nachmittag geschlafen?", fragte die Stimme. „Du hast das Essen nicht angerührt. Die Hausaufgaben sind nicht gemacht, und im Hausflur liegt ein Haufen nasser Sachen."

Mühsam kämpfte Johanna sich in die Wirklichkeit zurück und schüttelte die Träume ab.

„Bist du krank?", fuhr die Stimme fort. „Und hast du dein Lesebuch in die Waschmaschine gesteckt?!"

„Mama!"

Sie schlang die Arme um den Hals ihrer Mutter, sodass diese nach Luft schnappen musste.

„Ich bin so froh, wieder hier zu sein! Ganz bestimmt gehe ich in die Schule, und ich will eine große Portion Sauerkraut!"

Kopfschüttelnd nahm Frau Müller Johannas Hände und sah ihre Tochter fragend an.

„Wovon redest du, und wo warst du während des Gewitters?"

„Bei Jan und Emily war ich und bei Anna am Meer, am Donnerfelsen. Da wuchs ganz viel Sanddorn, und Emily ist gesund geworden. Und der Schwarze Piet sitzt auf einer Insel fest."

Johannas Worte überschlugen sich, weil sie alles auf einmal erzählen wollte. Julia zog die Augenbrauen hoch und legte besorgt die Hand auf Johannas Stirn.

„Gott sei Dank, kein Fieber!“, sagte Mama erleichtert.„Du hast tief und fest geschlafen und wild geträumt. Werde erst einmal richtig wach“, sagte sie. „Vielleicht brütest du doch etwas aus. Gut, dass ich eher gehen durfte.“

Johanna setzte sich abrupt auf. Ihr dämmerte etwas.

„Der Wievielte ist heute?“

„Heute ist den ganzen Tag schon der 3. Mai!“

Frau Müller zog die Augenbrauen besorgt zusammen und strich ihrer Tochter eine Haarsträhne aus dem Gesicht.

„Und jetzt ist es halb neun. Ich mache uns einen schönen heißen Kakao und dann reden wir in Ruhe über alles, ja? „Ich werde Frau Schmidt anrufen, dass du morgen später zur Schule kommst. Du kannst also ausschlafen.“

Sie stand auf, schnupperte und hielt sich im Scherz die Nase zu.

„Aber erst nimmst du noch ein warmes Bad. Du riechst ehrlich gesagt etwas streng! Puh! Und wie deine Sachen aussehen! Der schöne Rock ...“

Mit gespielter Verzweiflung hielt Julia den schmutzigen Stofffetzen in die Höhe, den sie auf der Treppe gefunden hatte.

„Das war kein Traum, oder?“, protestierte Johanna schwach und sah zu dem Kleidungsstück. Der Rock war geflickt. Erleichtert ließ sie sich zurücksinken. Warum dachten nur immer alle, dass sie Fieber hätte?

„Na, immerhin hast du den Riss schon ausgebessert“, kam Mamas Stimme aus dem Flur. „Wie hast du das nur wieder hingekriegt?“

Sie war schon auf dem Weg in die Küche und hatte Johannas Frage gar nicht gehört. Johanna schmunzelte und tastete nach der Schnur um ihren Hals. Fest schlossen sich ihre Finger um das hölzerne „D“. Dann stand sie auf und sah nach der Linde. Sie stand in voller Blüte. Genau! Das hatte sie vorhin so irritiert. Hier war es immer noch Frühling! Immer noch der 3. Mai, hatte Mama gesagt. Es konnten nur einige Stunden vergangen sein, denn Mama hatte sie noch gar nicht vermisst. Wie viele davon hatte sie wohl verschlafen? Schnell rechnete sie nach. Die Zeit am Donnerfelsen musste schneller laufen. In den ungefähr vier Monaten, die sie fort gewesen war, konnten hier höchstens zwei bis drei Stunden vergangen sein. Sie nickte. Mama würde ihr schon glauben. So eine lange Geschichte konnte man sich ganz sicher nicht in dieser kurzen Zeit ausdenken.

„Wenn ich fertig bin, dann erzähle ich alles der Reihe nach!“, rief sie zurück. *Ich muss bis dahin nur schnell meine Gedanken sortieren,* dachte sie auf dem Weg ins Badezimmer.

Und irgendwo in der Vergangenheit oder in einer ganz anderen Welt, vielleicht gar nicht so weit entfernt von uns, saß ein kleines blondes Mädchen vergnügt am Strand und schnitzte neue Holzbuchstaben. Neben ihr lag ihr großer Bruder auf dem Bauch und las in seinem dicken, alten Buch, wenn er sich nicht gerade von den Wellen schaukeln ließ und an ein braunhaariges Mädchen dachte ...

ENDE des ersten Teils

Lust auf mehr?

Und so geht das Abenteuer weiter:

Der Donnerfelsen:
Jans Buch
Band 2
Pb., ca. 224 S., 13,5 x 20,5 cm
Best.-Nr. 271896
ISBN 978-3-86353-896-5
erscheint Frühjahr 2024

Zwei Jahre nach Johannas Rückkehr vom Donnerfelsen taucht Jan überraschend im Rheinland auf. Doch ihm bleibt kaum Zeit, unsere Welt kennenzulernen, denn auch zwischen Bonn und Koblenz gibt es Menschen, die so gefährlich wie Piraten sind. Gehört der Antiquitätenhändler Peer Barilotto dazu? Johanna und Jan versuchen, das herauszufinden. Gleichzeitig müssen sie Johannas Mutter davon überzeugen, dass es den Donnerfelsen wirklich gibt, und auch noch einem Bücherdieb hinterherjagen. Dabei wollte Jan Johanna eigentlich nur erzählen, wen er in seiner Heimat kennengelernt hat ...

Von derselben Autorin erhältlich:

Detektei Anton:
Ausgerechnet Bananen
Band 1
Gb., 208 S., 13,5 x 20,5 cm
Best.-Nr. 271720
ISBN 978-3-86353-720-3

Die 13-jährige Rahel ist unfreiwillig in das verschlafene Eifeldorf Brehl gezogen. Doch ihre chronische Langeweile endet schlagartig, als Einbrecher und Drogenhändler im Ort auftauchen. Sie setzt alles daran, die Verbrechen aufzuklären, die auch vor ihrer Schule nicht Halt machen. Schon bald kann ihr großer Bruder Silas sie nicht mehr beschützen, denn auch er selbst gerät in höchste Gefahr! Gut, dass wenigstens der speziell begabte Onkel Anton und sein Hund Caruso den Durchblick behalten …

Für Jungen und Mädchen ab ca. 11 Jahren.

Detektei Anton:
Die Dame aus Burundi
Band 2
Gb., 192 S., 13,5 x 20,5 cm
Best.-Nr. 271764
ISBN 978-3-86353-764-7

Die Detektei erhält ihren ersten offiziellen Auftrag von Rechtsanwalt Paul Schmickler. Doch die mühsame Recherche verläuft im Sande. Der gesuchte Unfallwagen scheint wie vom Erdboden verschluckt zu sein. Immerhin bekommt das Matthias-Claudius-Gymnasium einen äußerst fitten Sportlehrer und Rahel mit Estelle Couderc eine interessante neue Klassenkameradin. Aber wer ist wirklich, was er vorgibt zu sein? Die Detektive bleiben misstrauisch. Was will „die Dame aus Burundi" in Burgenach, und wer bedroht sie? Ronny, Silas und Onkel Anton finden das entscheidende Puzzleteil erst in letzter Sekunde …

Für Jungen und Mädchen ab ca. 11 Jahren.

Detektei Anton: Bombenstimmung
Band 3
Gb., 208 S., 13,5 x 20,5 cm
Best.-Nr. 271766
ISBN 978-3-86353-766-1

Onkel Anton stolpert im Familienwald über alte Munition aus dem Zweiten Weltkrieg. Außerdem gibt ein seltsamer Brief der Detektei Rätsel auf. Was hat die 92-jährige Frau Breuer damit zu tun, und warum ist die Geschichtslehrerin Angela Kragenbeck so furchtbar engagiert? Wie kann vergangenes Unrecht in Ordnung gebracht werden, und was verheimlicht Pastor Werner? Silas, Rahel, Ronny und Sophia suchen mit Onkel Anton nach Antworten und stoßen auf eine ganz andere Art von Sprengstoff, der bis heute brandgefährlich ist!

Für Jungen und Mädchen ab ca. 11 Jahren.

Detektei Anton:
Der Fall Werner
Band 4
Gb., 192 S., 13,5 x 20,5 cm
Best.-Nr. 271796
ISBN 978-3-86353-796-8

Endlich Ferien! Die Detektei hat genug Zeit, sich mit dem Geheimnis zu beschäftigen, das Pastor Werner Schrober verbirgt. Dafür ermitteln die Kinder in Hamburg, denn Rahel und Ronny vermuten eine Verbindung zwischen dem Pastor und einer gefährlichen Bande, der in der Hansestadt der Prozess gemacht wird. Ihr speziell begabter Onkel ist sich sicher, den Kronzeugen schon irgendwo gesehen zu haben, doch nicht einmal Opa Peter glaubt ihm. Lässt Anton sein fotografisches Personengedächtnis im Stich, und was hat Werner mit dem organisierten Verbrechen zu tun?

Für Jungen und Mädchen ab ca. 11 Jahren.

Detektei Anton:
Achtung, Gift!
Band 5
Pb., ca. 208 S., 13,5 x 20,5 cm
Best.-Nr. 271887
ISBN 978-3-86353-887-3
erscheint Frühjahr 2024

In Brehl sterben plötzlich Vögel und Katzen. Schnell ist klar, dass jemand Giftköder ausgelegt hat. Auch Caruso, Onkel Antons geliebter Riesenschnauzer, scheint davon gefressen zu haben. Doch wer hat es auf die Tiere abgesehen und warum? Nicht nur der Wilderer, der in Bauer Langenhagens Revier sein Unwesen treibt, kommt als Täter infrage. Es dauert, bis die Detektive einzelne Verdächtige von der Liste streichen können. Zu dumm, dass Silas ausgerechnet jetzt nicht klar denken kann ...

Der spannende Auftakt zur zweiten Staffel der „Detektei Anton"-Reihe! Für Jungen und Mädchen ab ca. 11 Jahren.

Die Testament7-Abenteuerreihe
Gb., 192–224 S., 13,5 x 20,5 cm
Für Kinder ab ca. 12 Jahren

Das Buch der Wahrheit
Band 1
Best.-Nr. 271582
ISBN 978-3-86353-582-7

Paul und Dominik kommen einer uralten Legende auf die Spur, als sie in einem verlassenen Stollen eine unglaubliche Entdeckung machen. Dabei geraten sie in Lebensgefahr, denn offenbar will jemand mit Macht verhindern, dass die Wahrheit über den Orden der Archivare ans Licht kommt.

Das Geheimnis von Villstein
Band 2
Best.-Nr. 271583
ISBN 978-3-86353-583-4

Dominiks verschwundener Vater taucht überraschend wieder auf. Hat er eine Chance verdient? Gleichzeitig sucht Dominik mit seinen Freunden nach dem mysteriösen zweiten Testament. Plötzlich machen sie eine explosive Entdeckung, die das Ende von Villstein bedeuten könnte. Die Zeit läuft ab!

Das Pergament des dritten Zeugen
Band 3
Best.-Nr. 271584
ISBN 978-3-86353-584-1

Eine unerwartete Einladung führt Sarah und ihre Freunde auf ein Schloss nach Schottland. Hals über Kopf stürzen sie in eine Rettungsaktion um einen verschollenen Professor.

Der Schatz der Tempelritter
Band 4
Best.-Nr. 271585
ISBN 978-3-86353-585-8

Ein verschlüsselter Hinweis führt Samuel und seine Freunde nach Zypern – auf die Spur der Tempelritter und ihr Vermächtnis. Doch sie sind nicht die Einzigen, die hinter dem Schatz her sind ...

Das Siegel des Falken
Band 5
Best.-Nr. 271586
ISBN 978-3-86353-586-5

Paul und seine Freunde Samuel, Dominik und Sarah gehen auf Forschungsreise nach Ägypten. Was hat es mit der Bruderschaft der schwarzen Kobra auf sich, und wie passt ein kaputter Kompass dazu?